影响历史的海洋人物

YINGXIANG LISHI DE
HAIYANG RENWU

武鹏程
编著

图说海洋
TUSHUO HAIYANG

世界之大，无奇不有
世界之奇，尽在海洋

海洋出版社
北京

图书在版编目(CIP)数据

影响历史的海洋人物 / 武鹏程编著. — 北京：海洋出版社，2025.1. — ISBN 978–7–5210–1402–0

Ⅰ.K811–49

中国国家版本馆CIP数据核字第20246CW142号

图说海洋

影响历史的海洋人物

YINGXIANG LISHI DE
HAIYANG RENWU

总策划：刘 斌	总编室：（010）62100034
责任编辑：刘 斌	网 址：www.oceanpress.com.cn
责任印制：安 淼	承 印：侨友印刷（河北）有限公司
排 版：海洋计算机图书输出中心 申彪	版 次：2025年1月第1版
出版发行：海洋出版社	2025年1月第1次印刷
地 址：北京市海淀区大慧寺路8号	开 本：787mm×1092mm 1/16
100081	印 张：10
经 销：新华书店	字 数：180千字
发行部：（010）62100090	定 价：59.00元

本书如有印、装质量问题可与发行部调换

前　言

海洋，广阔浩瀚、深邃神秘，我国古籍有云：海之言，晦昏无所睹，正是因为无所睹，所以人们对海洋充满了好奇和想象。

有这样一些人，他们有着无畏的勇气、强壮的身体和海上生存的知识，怀揣对未知海洋的巨大好奇，驾驶着舰船，驶向蔚蓝的那一边……他们寻觅海域陆地、探索海上通道，有汪大渊一样的旅行者；有马可·波罗一样的商人；有德雷克一样的海盗，他们用勇气和汗水，甚至是生命，让我们知道了地球的广袤与多样。

有这样一些人，他们凭借海上舰船，发挥己方优势，打击别国舰船，凭借坚船利炮，使国家称霸海上，一次次的海战，一滴滴的鲜血，改变着和推动着人类征服的历史。

还有这样一些人，他们有着非凡的智慧，刻苦钻研、努力探索，用知识改变人类征服海洋的步伐，或从木质帆船到铁甲战舰的突进；或从海面到海下的深入，一次次的变革，一点点的进步，都抛洒着他们的热情，抒写着他们对海洋的寻觅。

本书节选了大量世界闻名的海洋人物，他们中有海洋探险家、海洋军事人物，也有海洋科学家和其他海洋相关人物，无论是何种身份，他们都在海洋世界中留下了深刻的印记，或多或少地影响了历史的进程，值得我们铭记，也值得我们去探索他们的经历，认知他们的人生，感受他们对蓝色海洋的热爱。

目 录

海洋探险人物

中国历史上东渡第一人　徐福 …………………… 2

历史上第一个到达非洲的中国人　杜环 …………… 5

民间航海家　汪大渊 ………………………………… 7

《马可·波罗游记》　马可·波罗 ………………… 10

七下西洋的明代航海家　郑和 …………………… 13

发现好望角　迪亚士 ……………………………… 17

印度航线开辟者　达·伽马 ……………………… 19

发现巴西　佩德罗·阿尔瓦雷斯·卡布拉尔 …… 21

德雷克海峡的发现者　弗朗西斯·德雷克 ……… 24

北美大陆发现者　哥伦布 ……………………… 27
环球航行第一人　麦哲伦 ……………………… 29
北极探险家　白令 ……………………………… 33
西北航道探险家　亨利·哈得孙 ……………… 35
三下太平洋的航海探险家　詹姆斯·库克 …… 37
第一个到达南极点的探险家　罗尔德·阿蒙森 … 40
北极探险家　弗里特约夫·南森 ……………… 42
从未扬帆远航的航海家　恩里克 ……………… 45
被称为海上魔鬼的探险家　查尔斯·威尔克斯 … 48
第一个成功横渡英吉利海峡的女性
弗洛伦丝·查德威克 ………………………… 49
北冰洋航道的开拓者　诺登舍尔德 …………… 50
世界上第一个到达北极的探险家
罗伯特·皮尔里 …………………………… 51
世界上潜得最深的女人　西尔维娅·厄尔 …… 52
法国海底万年壁画发现者　亨利·科斯克 …… 54
格陵兰岛的发现者　埃里克·瑟瓦尔德森 …… 55

海洋军事人物

抢夺色雷斯沿海和通往黑海的控制权　莱山德 ……… 57
南北驱驰报主情，江花边月笑平生　戚继光 ……… 59
从木壳船到铁甲船的推动者　左宗棠 ………… 63
中日巡洋护卫舰的对决　邓世昌 ……………… 67
俄罗斯海军之父　彼得一世 …………………… 71
成就英国300年海上霸业的海盗　约翰·霍金斯 … 74
英国皇家海军之魂　霍雷肖·纳尔逊 ………… 77
美国海军之父　约翰·保罗·琼斯 …………… 81
荷兰海军上将　马顿·特罗普 ………………… 83
奥斯曼土耳其帝国海军改革者　凯马尔·列伊斯 …… 86

美国最早的海军少将　斯蒂芬·德凯特 …………89
航母舰队司令　弗兰克·弗莱彻 …………91
临危受命指挥莱特湾海战　切斯特·威廉·尼米兹……93
海军将领中的蛮牛
小威廉·弗雷德里克·哈尔西 …………96
地中海的老水手　安德鲁·布朗·坎宁安 …………99
第一海务大臣　路易斯·蒙巴顿 …………101
狼群战术　卡尔·邓尼茨 …………103
争夺公海制海权
莱茵哈特·卡尔·弗里德里希·冯·舍尔 …………106
德国远洋舰队之父
阿尔弗雷德·冯·提尔皮茨 …………108
另类鬼才　托马斯·科克伦 …………111
巨舰大炮时代的启动者
约翰·阿巴斯诺特·费舍尔 …………113
天才军事家
尼古拉·格拉西莫维奇库兹涅佐夫 …………115

海洋科技人物

第一艘螺旋桨战舰发明者　**约翰·埃里克森** ………… 118

挑战深海　**奥古斯特·皮卡德** ………………… 120

第一个航海大数据采集人　**马修·方丹·莫里** …… 122

核动力海军之父　**海曼·乔治·里科弗** ………… 124

近代海洋学奠基人之一　**约翰·默里** …………… 126

大陆漂移学说的创立者　**阿尔弗雷德·魏格纳** … 127

发现"泰坦尼克"号的海洋地质学家
罗伯特·巴拉德 ………………………………… 129

现代水下呼吸器的发明者
雅克·伊夫·库斯托 …………………………… 131

"阿尔文"号载人深潜器发明者　**哈罗德** …… 133

第一条大西洋海底电缆的铺设者
威廉·汤姆森 …………………………………… 134

秘鲁寒流的发现者　**亚历山大·冯·洪堡** …… 135

现代潜艇之父　**约翰·菲利普·霍兰** ………… 137

世界上第一艘现代气垫船的制作者
科克莱尔 ………………………………………… 139

其他海洋人物

济民海上　护佑渔民　**林默** ································ 142
西班牙称霸海洋的起点　**伊莎贝拉一世** ··············· 146
开创大航海时代的始作俑者
英国女王伊丽莎白一世 ······································ 148
《海权论》　阿尔弗雷德·马汉 ···························· 152

海洋探险人物

Marine Expedition Figures

图说海洋 影响历史的海洋人物

中国历史上东渡第一人
徐福

徐福，字君房，齐地琅琊（今江苏赣榆）人，秦著名方士。他博学多才，通晓医学、天文、航海等知识，且同情百姓，乐于助人，故在沿海一带民众中名望颇高。

徐福是鬼谷子的关门弟子。学辟谷、气功、修仙，兼通武术。他出山的时候是秦始皇登基前后。

在秦代，方士很流行。在齐地和燕地，方士很多。战国齐威王、齐宣王、燕昭王时，便有大批齐、燕方士入海求蓬莱仙药。和徐福同时代的方士也有很多，像卢生、韩终、侯公等。

▲ [徐福画像]

在日语中，秦与羽田的发音相同。日本昭和天皇的御弟三笠宫动情地说："徐福是我们日本人的国父。"日本前首相羽田孜先生曾于2002年专程到连云港市赣榆县徐福村祭奠，他多次表示，羽田家族来自中国，祖先是徐福。

第一种说法：为秦始皇寻仙药

徐福作为方士中最著名的一个，为迎合秦始皇长生不老、永做皇帝的梦想，他上书前往渤海中蓬莱、方丈和瀛洲三座神山，为秦始皇寻找长生不老的仙药。据《史记》记载，"齐人徐（福）等上书，言海中有三神山，仙人居之。请得斋戒，与童男女求之。于是遣徐发童男女数千人，入海求仙人"。徐福从家乡的黄河营古港起航，经辽东半岛到朝鲜半岛，最后到达日本的北九州。

▲ [徐福庙东渡起航处]

1991年5月，龙口市人民政府在黄河营古港遗址竖立纪念保护标志，以纪念徐福等人由此起航东渡日本。

第二种说法：为了躲避暴政而移民

因为秦始皇的暴政，一部分人揭竿

2　海洋探险人物

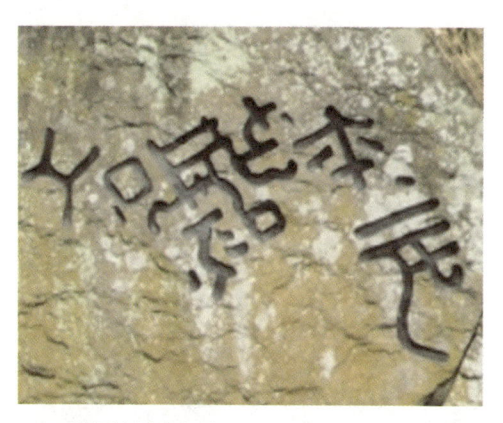

▲ [徐福济州岛印迹]

相传徐福曾到过济州岛正房瀑布，离开时留下了"向西回家"之语，所以人们将他离开的渡口称作"西归浦"。此外，在济州岛的正房瀑布峭壁上还发现了齐国刀文，"齐臣徐市，迁王过之"字样。

▲ [徐福日本登陆点]

据说徐福到达日本后，给当地带去了翻天覆地的变化。至今，日本境内还仍保存着不少徐福活动的遗迹，如和歌山县徐福和他的船员七人墓、徐福宫、九州岛佐贺县"徐福上陆地"纪念碑、徐福的石冢、徐福祠等，如今在日本的徐福遗迹不少于50处。

而起，另一部分人则消极抵抗，在沿海地区就有很多人向海外移民。徐福是知识分子，他不满秦始皇的暴政，但又无能为力，于是表面上热衷于寻找仙药，实际上是寻找合适的机会移民。《汉书》中说："徐福、韩终之属多赍童男女入海，求神采药。因逃不还，天下怨恨。"唐代诗人汪遵在《咏东海》诗中也写道："漾舟雪浪映花颜，徐福携将竟不还。同作危时避秦客，此行何似武陵滩。"作者把徐福入海不归比作陶渊明《桃花源记》所写的武陵郡渔人避秦乱而移居桃花源之事。

第三种说法：报秦亡齐国之仇

也有人认为徐福东渡是为了报秦亡齐国之仇、消灭族之恨而策划的一次叛离秦始皇恶政统治的行动。

作为中国乃至世界上最早的航海家、探险家，徐福东渡的时间比唐朝鉴真

▲ [日本徐福公园]

海洋探险人物

图说海洋 影响历史的海洋人物

东渡日本早900多年，比郑和下西洋早1600多年，比哥伦布发现美洲新大陆早1700多年。

徐福所到之处，将中国先进的造船、航海技术传授给了当地的居民。在日本和韩国，世代传说着徐福教当地人种水稻、凿水井、制造农具，传播医药、纺织等知识的故事。还有日本古代的造船业和航海业，凭借徐福带去的技术帮助，迅速发展起来。

徐福东渡虽然航程不长，但在航海技术和知识非常落后的情况下，无论是在时间、规模、目的、方式上，还是在航海、探险、胆识、精神上，都是郑和、哥伦布所不能比拟的。作为世界航海史上的伟大先驱和开拓者，徐福把中华民族认识海洋、驾驭海洋的历史向前推进了十几个世纪，为世界文明和航海事业的发展做出了无与伦比的贡献。

▲ [徐福庙墓]

▲ [徐福庙]

徐福出海采仙药之后，音信全无，最终一去不返。乡亲们为了纪念他，把他出生的村庄改为"徐福村"，并在村北建了一座"徐福庙"。后来，有徐福在日本的平原、广泽为王之说。

日本古籍《神皇正统记》上说："四十五年乙卯，秦始皇即位。始皇好神仙，求长生不死之药于日本，日本欲得彼国之五帝三王遗书，始皇乃悉送之。"

我国香港学者卫挺生教授在香港出版的《徐福入日本建国考》一书中证明"秦代使者徐福就是日本开国第一代天皇神武"。

我国台湾学者彭双松于1973年出版的《徐福即神武天皇》书中，用了大量资料证明并论证了"徐福即神武天皇"的观点。

4 | 海洋探险人物

历史上第一个到达非洲的中国人
杜环

杜环，我国唐代旅行家，早在 1300 多年前，他创造了我国历史上多个第一，像历史上第一个有名可指、有史可查的到达非洲的中国人；历史上第一个将西亚、北非贯通游历并记载成书的中国人。

杜环，又名杜还，生卒年不详，但是明确地知道他生活在唐代，他的出生地也不详，但却知道他游历过西亚、北非等地，从某种意义上讲，他是我国历史上第一个以一己之力践行"一带一路"的旅行家。

▲ [杜环]

以战俘身份归国

公元 750 年，在唐玄宗李隆基的统治时期，大唐国力强盛，但中东的阿拉伯帝国也在迅速崛起。

自古汉民族就不会因"扩张"而大举征伐，再加上唐军主力这个时期正在青海与吐蕃国交战，无暇顾及西域，阿拉伯帝国影响力慢慢地体现出来，西域诸国受其侵扰，于是不少国家向唐朝求援。起初唐朝并不以为意，直到"石国事件"的发生，才把战火燃烧起来。

公元 750 年，唐朝统治者以西域藩国石国"无藩臣礼"为由，由唐安西节度使高仙芝领兵征讨，起初高仙芝大胜，但后来在怛罗斯之战中大败。

此役唐军损失惨重，两万安西精锐部队几乎全军覆没，只有千余人得以生还，阵亡和被俘各自近半，而杜环正是俘虏中的一位。杜环作为战俘被送到库法（伊拉克南部古城，位于幼发拉底河支流欣迪亚赫河岸），不过阿拉伯人不但未限制其行动自由，还让他与军团随行，并参与了几次军事行动，均取得胜利。杜环也得以随军团周游西亚，并随之游历埃及、苏丹以及埃塞俄比亚的摩邻国。

海洋探险人物 | 5

《经行记》

归国之后，杜环又曾游历西亚、北非，历时达十余年之久，公元762年，他乘船回国，写成《经行记》一书，详细记载此次历时十余年横跨亚非的旅行见闻。

据考证，《经行记》是中国最早记载阿拉伯世界风貌和中国工匠在西亚及北非传播生产技术的古籍，还记录了亚非若干国家的历史、地理、物产和风俗人情。

《经行记》中逐一记载了拔汗那国、康国、师子国、波斯帝国、碎叶、石国、大食等国的地理环境、山川河流、土产风物、生活风俗、宗教、节日娱乐等诸方面的情况，为后世研究这些国家的历史文化提供了极为珍贵的原始资料。

《经行记》还记载了阿拉伯地区高度发达的医学，杜环对"西医"的外科手术大感神奇。当时阿拉伯的医学中心在埃及和叙利亚，阿拉伯医士充分学习和借鉴拜占庭医学，将欧洲医学与本土实情相结合，形成了一套行之有效的阿拉伯医学体系。杜环称这些阿拉伯医士"善医眼及痢，或未病先见，或开脑出虫"。

但可惜的是，该书久已失传，只有杜佑的《通典》（801年成书）曾引用此书，遂有1500余字"残本"保留至今。即便如此，流传下来的这1500余字的记载，也成为研究中西地理交通史与文化交流史的重要史料，颇受学者重视。

图说海洋 影响历史的海洋人物

拔汗那国，中亚古国。在锡尔河中游谷地，今吉尔吉斯斯坦费尔干纳地区。汉代称大宛。中国古籍又作破洛那或钹汗。都西鞬城（今纳曼干）。

康国是古代中亚民族国家。西汉时康称康居国，位于锡尔河至阿姆河之间，国王的祖先是月氏人。月氏人原住在祁连山北昭武城（甘肃高台县境），被匈奴人压迫，向西迁徙。西汉时康居与大月氏本是两个游牧民族，成为隋唐时的康国。

师子国，又称拟师子国，为斯里兰卡的古称。在中国古代是南亚属国。

波斯帝国是位于西亚伊朗高原地区以古波斯人为中心形成的君主制帝国，始于公元前550年居鲁士大帝开创的阿契美尼德王朝，终于1935年巴列维王朝礼萨·汗改国名为伊朗。历史上波斯人曾建立过多个帝国，如阿契美尼德王朝、萨珊王朝、萨曼王朝、萨非王朝、恺加王朝等。全盛时期领土东起印度河平原、帕米尔高原，南抵埃及、利比亚，西至小亚细亚、巴尔干半岛，北达高加索山脉、咸海。波斯兴起于伊朗高原的西南部。

碎叶：碎叶城是唐朝在西域设的重镇，是中国历代王朝在西部地区设防最远的一座边陲城市，也是丝路上一个重要城镇，是著名诗人李白的出生地。它与龟兹、疏勒、于阗并称为唐代"安西四镇"。

石国，西域古国，昭武九国之一。位于中亚，现在的乌兹别克斯坦共和国首都塔什干市，唐代此地有九个君主均为姓昭武的国家，称昭武九国，石国为其中之一。

大食，原为一伊朗部族之称，后为中国唐宋时期对阿拉伯人、阿拉伯帝国的专称和对阿拉伯的泛称。按其民族服装颜色分白衣大食、黑衣大食、绿衣大食三种。

杜环的《经行记》提到的"开脑出虫"，实际上就是开颅手术，当时也称"穿颅术"，是指打开颅骨摘除肿瘤或施行其他与脑部相关的手术等。事实上，在杜环亲眼看见阿拉伯医术之前100年，早在唐太宗贞观年间（627—649年），这种"穿颅术"就已经传入我国。

民间航海家
汪大渊

汪大渊，字焕章，"焕章"二字或许取自《论语·泰伯》中"焕乎其有文章"一语。遗憾的是，名字虽然流传下来，但名字的主人却生平事迹不详。汪大渊作为民间航海家，其个人的经历难入古代官史。不过，他的《岛夷志略》被《四库全书》收录，这给后人研究中国古代的航海事业提供了难得的素材。

在探索海洋方面，中国古代是走在世界前列的，《新唐书》记载的"广州通海夷道"远至非洲。当然，最有名的是郑和七次下西洋，《郑和航海图》是世界上现存最早的航海图集，其中明确标明了南沙群岛（万生石塘屿）、西沙群岛（石塘）、东中沙群岛（石星石塘）。不过，鲜为人知的是，在郑和之前，元代还有个叫汪大渊的航海家，他写了一本书，名叫《岛夷志略》，记载了他在海外游历的见闻，其中就包括菲律宾，还包括现在的澳大利亚。

▲ [民间航海家汪大渊]

◀ [泉州古建筑物——古代海上丝绸之路印迹]
泉州不仅是古代海上丝绸之路的起点城市，还是宋元时期海、陆丝绸之路文化的交汇点。开元寺大雄宝殿后回廊的这对印度教风格石柱，正是古代海上丝绸之路的印迹。

海洋探险人物

图说海洋
影响历史的海洋人物

将军渡口波连波

汪大渊是江西南昌人，其出生地尚存一首排工们的号子《南昌城南掌故多》：

"南昌城南掌故多，将军渡口波连波嘿；象湖源上风光好哟嗬，施家尧去划龙舟来嘿；王老丞相来迎接哟嗬，相府千金坐花楼罗嘿。汪家垄住航海客哟嗬，漂洋过海到夷洲罗嘿！"

汪大渊名列中国航海史、中西交通史等领域，是中国地理学史上的地理学家，也是航海家。西方学者称他为"东方的马可·波罗"。

被外国风情吸引

青年时期的汪大渊曾游历了当时中国南方最大的商港，也是世界最大商港之一的泉州。在泉州，他看到了各种肤色和操各种语言的人们，摩肩接踵；琳琅满目的中西货物，堆积如山；港湾里停泊着来自世界各地的各种各样的船只，特别是那些外国商人、水手所讲的外国风情，深深地吸引了汪大渊，后来促成了他两度远洋航行的壮举。

两次从泉州港出海

元文宗至顺元年（1330年），年仅20岁的汪大渊搭乘泉州远洋商船，从泉州港出海了，一直到元统二年（1334年）夏秋间才返回泉州，这次航行他从泉州经海南岛、占城、马六甲、爪哇、苏门答腊、缅甸、印度、波斯、埃及，再横

《岛夷志略》分为100条，其中99条为其亲历，涉及国家和地区达220余个，对研究元代中西交通和海道诸国历史、地理有重要参考价值，引起世界重视。1867年以后，西方许多学者研究该书，并将其译成多种文字流传，公认其对世界历史、地理的伟大贡献。

汪大渊记载当时澳大利亚人的情况：有的"男女异形，不织不衣，以鸟羽掩身，食无烟火，惟有茹毛饮血，巢居穴处而已"。

在《岛夷志略》中有两节详细记载了澳大利亚的风土、物产，应该是见著于世的关于澳大利亚最早的文字记载。可是西方学者却不敢承认汪大渊到过澳大利亚，因为在汪大渊到澳大利亚后近200年，欧洲人才知道世界上有这一大陆。

《岛夷志略》中间对我国台湾山地食人族的一段恐怖记录：田土湿润而肥沃，适宜耕作种植。气候温暖，风俗与澎湖不太一样。水里没有舟船，乘木筏渡河。男人女人都是卷发，以花布为衫。煮海水为盐，酿甘蔗浆为酒。以酋长为部落首领，父子骨肉之间很重情义，其他部落人来侵犯，则"生割其肉以啖之，取其头悬木杆"。

▲ [澳大利亚鹤]

《岛夷志略》中记载有一种灰毛、红嘴、红腿、会跳舞、身高2米的澳大利亚鹤，"闻人拍掌，则耸翼而舞，其仪容可观，亦异物也"。

8 | 海洋探险人物

渡地中海到西北非洲的摩洛哥，再回到埃及，出红海到索马里，折向南直到莫桑比克，再横渡印度洋回到斯里兰卡、苏门答腊、爪哇，再到澳大利亚，从澳大利亚到加里曼丹岛，又经菲律宾群岛，最后返回泉州。

元惠宗至元三年（1337年），汪大渊第二次从泉州出航，游历南洋群岛、印度洋西面的阿拉伯海、波斯湾、红海、地中海、莫桑比克海峡及澳大利亚各地，两年后才返回泉州。

汪大渊的海上旅程，或许和同时代千百位在海浪中谋生的海商没什么本质区别。不同的是，汪大渊怀着不同寻常的好奇心，用文字记录下各种见闻。于是，汪大渊远航回国后，便着手编写《岛夷志略》，把两次航海所见闻的各国社会经济、奇风异俗记录成章，作为资料保存下来。他的《岛夷志略》充满了"可怪、

盔犀鸟

盔犀鸟头工艺品

▲ [《岛夷志略》中记载的鹤顶红]

史料中，最早出现"鹤顶"一词，是元末汪大渊的《岛夷志略》。鹤顶红的原材料。

顶级的文玩古董中有一种"鹤顶红"，其宽仅寸余，外红内黄，质地像象牙而更细致，多作为各种小雕饰，公认为古玩中的奇珍。其实为一种目前已濒临绝种鸟类的头胄部分，这种鸟就是"盔犀鸟"，确切地说是盔犀鸟的头胄，如今的文玩界也称其为"鹤红"或"鹤顶红"。

公鸟头颈肌肤裸露，呈红色。头胄中后部外表鲜红，前部与喙为黄色。母鸟颈为淡蓝色，头胄小，颜色亦较淡。所谓鹤顶，就是其公鸟的头胄。

在《岛夷志略》中记载了台湾、澎湖是我国的神圣领土，当时台湾属澎湖，澎湖属泉州晋江县，盐课、税收归晋江县。书中多处记载了华侨在海外的情况，例如：泉州吴姓商人居住于古里地闷（今帝汶岛）；元朝出征爪哇部队有一部分官兵仍留在勾栏山（今格兰岛）；在沙里八丹（今印度东岸的讷加帕塔姆），有中国人在1267年建的中国式砖塔，上刻汉字"咸淳三年八月华工"；真腊国（今柬埔寨）有唐人；渤泥（今加里曼丹岛上坤甸）"尤敬爱唐人"；龙牙门（今新加坡）"男女兼中国人居之"；马鲁涧（今伊朗西北部的马腊格）的酋长，是中国临漳人，姓陈；等等。

可愕、可鄙、可笑之事"。汪大渊自称这些事情："皆身所游览，耳目所亲见。传说之事，则不载焉。"但《岛夷志略》一书却在元末兵乱中大部分散佚，明朝后终于失传。该书被今人评为影响中国的100本书之一。

海洋探险人物 | 9

《马可·波罗游记》
马可·波罗

图说海洋 影响历史的海洋人物

　　马可·波罗是世界著名旅行家和商人。早在我国元朝时期，他就来到中国，并在中国游历了17年，《马可·波罗游记》是欧洲人撰写的第一部详尽描绘中国历史、文化和艺术的游记。

　　马可·波罗在1254年生于威尼斯一个商人家庭，在他小的时候，他的父亲和叔叔到东方经商，来到元大都并朝见过蒙古帝国的忽必烈大汗，还带回了大汗给罗马教皇的信。他们回家后，小马可·波罗天天缠着他们讲在东方旅行时的故事。这些故事引起了小马可·波罗的浓厚兴趣，使他下定决心要跟父亲和叔叔到中国去。

　　1271年，马可·波罗17岁时，父亲和叔叔拿着教皇的复信和礼品，带领马可·波罗与十几位旅伴一起向东方进发了。他们从威尼斯进入地中海，然后横渡黑海，经过两河流域来到中东古城巴格达，从这里航行到波斯湾的出海口，再乘船驶向中国。

《马可·波罗游记》

　　马可·波罗在中国游历了17年，曾访问当时中国的许多古城，甚至抵达过西南部的云南和东南地区。回到威尼斯后，马可·波罗在一次威尼斯与热那亚的海战中被俘。在牢狱里，马可·波罗口述旅行经历，由鲁斯蒂谦记录，撰写

▲ [身着鞑靼服装的马可·波罗]

▲ [哥伦布翻译马可·波罗的拉丁文版手稿]

了著名的《马可·波罗游记》。这本书别名《马可·波罗行纪》或《东方见闻录》，书中记叙了马可·波罗在东方最富有的国度——中国的见闻。

在《马可·波罗游记》中，马可·波罗描绘了中国高度发达的经济、科技和文明，远远超越西方的社会发展程度，让欧洲人觉得难以想象，几乎就是天方夜谭。据说马可·波罗逝世前，有亲朋好友奉劝马可·波罗为自己的弥天大谎忏悔，但马可·波罗十分肯定地说："上帝做证，书中所记还不及我看到的一半！"

这本书后来在欧洲广为流传，激起了欧洲人对东方的热烈向往，对后来新航路的开辟产生了巨大的影响。

马可·波罗称自己在中亚平原发现了鳞虫。他这样描绘道："（鳞虫）比看起来更为敏捷。能轻易将骑者扑落马鞍。"

鳞虫是一种神话生物，有时也称为鳞虫蛇。它和飞龙同属龙族，十分相似，区别在于鳞虫没有翅膀。它们一般也无腿足或像飞龙那样仅生双爪。传说它们的气力来自尾巴。

这是一个关于比萨的传说，马可·波罗在中国旅行时最喜欢吃一种北方流行的葱油馅饼。回国后一直想能够再次品尝，但却不会烤制。

一次聚会，马可·波罗请来自那不勒斯的厨师，按他描绘的中国的葱油馅饼的样子来做。可厨师按马可·波罗所描绘的方法忙了半天，也无法将馅料放入面团中。

马可·波罗提议将多种丰富的蔬菜、水果等颜色丰富的馅料放在饼上吃。没想到，按此法配上了当地的乳酪和佐料，大受欢迎，从此味道丰富并且颜值高的比萨就传开了。

海洋探险人物

图说海洋

影响历史的海洋人物

▲ [印有马可·波罗头像的意大利钱币——1982年发行]

眼镜发明于东方

西方国家最早出现的眼镜于13世纪末叶由马可·波罗传入。

据说，中国最古老的眼镜是水晶透明矿物所做的圆形单片镜，单片镜也就是大家所熟知的放大镜，有文献记载，公元前283年，中国天子就通过透镜来观察星星，墨子的书中也有记载墨子对于光和凸面镜、凹面镜的论述，东汉初年张衡发现月亮盈亏与日食、月食的原因，也是借助透镜。

现在眼镜的雏形是在1260年左右出现的，也就是元朝，马可·波罗见到元朝宫廷里有人戴眼镜，对此他很感兴趣，在游记中又记载道："中国当时有许多老人，为了看清楚书上字体，会配戴眼镜。"

马可·波罗回国后就把眼镜传到了西方，所以在西方最早制造眼镜的地方，就是马可·波罗的故乡威尼斯。

《马可·波罗游记》惹争议

马可·波罗与他的故事《马可·波罗游记》，早已家喻户晓、妇孺皆知了。对此书的真实性，有人提出质疑，但更多学者认为，马可·波罗是来过中国的，比如，《马可·波罗游记》中关于杭州的记载说，杭州当时是世界上最美的城市，商业兴隆，有12种行业，每种行业有12 000户。城中有一个大湖(即西湖)，周围达48千米，风景优美。这些记载在《乾道临安志》和《梦梁录》等古籍中得到了印证。其他的如苏州的桥很多，杭州的人多。《马可·波罗游记》中的记载都相当详细、具体。这些材料，在当时的历史背景下是不可能从道听途说中得到的。

▲ [元朝时的眼镜]

12 ｜ 海洋探险人物

七下西洋的明代航海家
郑和

郑和（1371—1433年），回族，原姓马，名和，小名三宝，又作三保，云南昆阳（今晋宁昆阳街道）人。中国明代航海家、外交家。

▲ [三宝太监郑和]

郑和出生于明洪武四年（1371年），是马哈只第二子，郑和有姐妹四人。洪武十三年（1381年）冬，明朝军队进攻云南，马和仅10岁，被明军副统帅蓝玉掠至南京，阉割成太监之后，进入朱棣的燕王府。永乐元年（1403年），道衍和尚收马和为菩萨戒弟子，法名福吉祥。

永乐二年（1404年），明成祖朱棣在南京御书"郑"字赐马和郑姓，以表彰其战功，史称"郑和"。并升任为内官监太监，官至四品，地位仅次于司礼监。郑和有智略，知兵习战，明成祖对郑和十分信赖。

郑和受明成祖委派

永乐三年（1405年）七月，郑和受明成祖委派，率领巨舶62艘、士卒及随行人员27 800余人，开始了他举世闻名的航行。船队自苏州刘家港（今江苏太仓浏河镇）出发，沿我国东海、南海而下，

《自宝船厂开船从龙江关出水直抵外国诸番图》简称为《郑和航海图》，原图呈一字形长卷。全图使用中国传统的山水画法，以南京为起点，最远到东非肯尼亚的慢八撒，到南纬4°左右为止，包括亚非两洲，所收地名达500多个，其中亚非诸国约占300个，相当准确地记录了航向、航程、停泊港口、暗礁、浅滩的分布，详细记录了郑和大航海全部航程中开辟的众多新航道，重要的出航地点有20余处，主要航线有42条之多。

乘风破浪，经占城（今越南南部）、爪哇（今印度尼西亚爪哇）、暹罗（今泰国）到锡兰（今斯里兰卡），最后经古里（今印度西岸）返回中国，历时两年零两个月。这是人类有史以来最庞大的远航船队，其船大者长148米、宽60米，中者长124米、宽50米，"体势巍然，巨无与比，篷帆锚舵，非二三百人莫能举动"。

先进的导航技术

郑和大航海综合应用了天文导航、罗盘导航、陆标导航、测量水深和底质等多种导航手段，如《西洋番国志》所记载："砍木为盘，书刻干支之字，浮针于水，指向行舟。"这种航海技术，

海洋探险人物

图说海洋 影响历史的海洋人物

◀ [按原尺寸复制的"宝船"]

据史料记载，在郑和下西洋的船队中，最大的宝船长44丈4尺，宽18丈，载重量800吨。它的铁舵，需要二三百人才能举动。按照今天的测量方法来看，这艘宝船长将近148米，宽60米。有专家认为，明永乐年间，朱棣施政办公的大殿——奉天殿（太和殿），是当时最大的木结构实体。其大小也不过宽63.96米，深37.20米，高35.05米。而大号宝船上仅船楼的面积就大大超过了它，从封建的宗法礼仪上讲，作为宦官的郑和乘坐这种宝船似乎有僭越之嫌。

此图为按宝船的原尺寸复制出来的"宝船"，看上去简直就是一个方盒子，现存的中外船舶绝没有腰身如此之"粗"的。

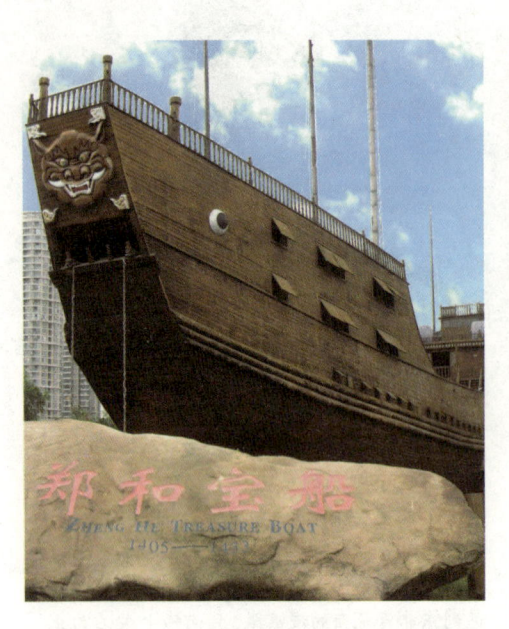

在当时世界上是很先进的。白天用指南针导航，夜间则用观看星斗和水罗盘定向的方法保持航向，很少发生意外事故。

郑和七下西洋时间表

第一次，永乐三年（1405年）6月。
第二次，永乐五年（1407年）10月。
第三次，永乐七年（1409年）10月。
第四次，永乐十一年（1413年）11月。
第五次，永乐十五年（1417年）6月。
第六次，永乐十九年（1421年）3月。
第七次，宣德五年（1430年）6月。

郑和第一次下西洋的时间比迪亚士发现好望角早83年，比哥伦布远航美洲早87年，比达·伽马发现新航路早92年，比麦哲伦环球航行（到达菲律宾）早116年。

梗化不恭者"擒之"，寇肆暴掠者"灭之"

郑和下西洋的船队是一支规模庞大的船队，完全是按照海上航行和军事组织编成的，在当时世界上堪称一支实力雄厚的海上机动编队。很多外国学者

▲ [郑和下西洋600周年纪念邮票]

海洋探险人物

郑和无后，然据其故乡云南发现的《郑和家谱》称："马文铭长子立嗣，移居南京三山寺，名曰马府口。"由此可见，郑和过继其兄长之子郑恩来为嗣。

郑和在故乡云南的一支后裔系由郑恩来的长子所繁衍，其中一部分在清朝末年因不堪官府的压迫而逃往泰国。当时郑和第十七代孙郑松林跟随马都来到泰国北部的清迈省，并娶了当时管理清迈的土司的女儿，从此在当地落地生根。由于年代久远，其泰国后裔已经不会说中文，甚至不知道自己的来历。现今其泰国的一支后裔有一二百人；而生活在云南的一支后裔约有百余人。

称郑和船队是特混舰队，郑和是海军司令或海军统帅。著名的国际学者、英国的李约瑟博士说："明代海军在历史上可能比任何亚洲国家都出色，甚至同时代的任何欧洲国家，以致所有欧洲国家联合起来，可以说都无法与明代海军匹敌。"

郑和船队航行途中，梗化不恭者"擒之"，寇肆暴掠者"灭之""海道由是

▼ [《郑和航海图》部分]

图说海洋

影响历史的海洋人物

[郑和逮回来的麒麟]

据说有一次，郑和在东非的麻林国看到了麒麟，于是郑和就抓了两只麒麟带回了国内，并且提前将这一好消息告诉了朱棣。回到南京以后，明成祖朱棣还曾经亲自到奉天门去迎接这两只预示着祥瑞的异兽，这在当时引起了轰动。当时看过的人将麒麟画了下来，而这个画作流传至今，现在我们看了以后终于知道麒麟的样子了，原来500多年前的麒麟就是现在的长颈鹿。

而清宁，番人赖之以安业"，使中国与东南亚及印度洋沿岸各国的经济文化交流有了保障，从而将中国的对外经济文化交流带到了一个前所未至的高度。

郑和带了一船的老婆婆去航海

向来航海，除了客船之外，运兵运货的船只，是不允许女性上船的，说是"有女同行，航行不利"。

但是，郑和特别造了一艘小船，船上载着几十个做针线的老婆婆，专门为官兵们补衣服。带着这群老婆婆，也不会因男女之事出问题，同时也解决了官兵穿衣吃饭的问题。

船上还带了稳婆、医生和农夫。所到之处皆传授耕织技术，以及一些医疗知识。

完成了人类历史上伟大的壮举

郑和下西洋是人类有史以来最伟大的远航，其航行规模之大、人数之多、范围之广，不仅在中国航海史上是第一次，而且在世界航海史上亦无先例。

之后，郑和又分别六次下西洋，历经三十余国，最远处到达今非洲东岸的骨都束（今索马里）、麻林（今肯尼亚）及红海的麦加（今沙特阿拉伯）、亚丁湾的阿丹（今也门民主共和国）。七次航行的总航程达七万多海里，可绕地球三周有余。宣德八年（1433年）四月，郑和在印度西海岸古里去世，赐葬南京牛首山。郑和七下西洋，完成了人类历史上伟大的壮举，揭开了世界大航海时代的序幕。

发现好望角
迪亚士

巴尔托洛梅乌·缪·迪亚士（约1450—1500年5月24日）出生于葡萄牙的一个航海世家，他的祖父若昂·迪亚士、父亲迪尼什·迪亚士都是追随恩里克王子的航海家。受祖父和父亲的影响，迪亚士在青年时代就喜欢海上的探险活动，曾随船到过西非的一些国家，积累了丰富的航海经验。迪亚士于1488年春天最早探险至非洲最南端好望角和莫塞尔湾。

▲ [航海家迪亚士]

13世纪末，威尼斯商人马可·波罗的《东方见闻录》中，将东方描绘成遍地黄金、富庶繁荣的乐土，引起了西方到东方寻找黄金的热潮。然而，奥斯曼帝国崛起后，控制了东西方交通要道，对往来过境的商人肆意征税勒索，加上战争和海盗的掠夺，东西方的贸易受到严重阻碍。

此时葡萄牙和西班牙完成了政治统一和中央集权化的过程，他们把开辟到东方的新航路作为重要的收入来源。两国的商人和封建主就成为世界上第一批殖民航海者，当时，很少有人知道非洲大陆的最南端究竟在何处。为了弄明白这一点，许多人雄心勃勃地乘船远航，但结果都没有成功。作为开辟新航路的重要部分，西欧的探险者们对于越过非洲最南端去寻找通往东方的航线产生了极大的兴趣。

> 翻开世界地图，我们不难发现，非洲大陆就像一个大楔子，深深地嵌入大西洋和印度洋之间。这个"楔子"的最尖端，就是曾经令无数航海家望而生畏的"好望角"。

◀ [好望角标志牌]

好望角是非洲西南端的岬角。位于34°21′25″S、18°29′51″E处。北距开普敦52千米。1488年葡萄牙航海家迪亚士在寻找欧洲通向印度的航路时到此，因多风暴，取名风暴角。但从此通往富庶的东方航道有望，故改称好望角。

海洋探险人物

图说海洋 影响历史的海洋人物

[好望角：非洲大陆真正的最南端]

发现"好望角"

1487年7月，迪亚士从里斯本出发了，他受国王委托寻找通向富裕东方的新航线。他的船队不断经受着风暴巨浪的摧残，与死神不断地擦肩而过。经过数月惊险的航行，1488年春天他们终于发现了通往印度洋的伟大起点"好望角"。好望角寓意为一个充满美好希望的起点，发现好望角意味着发现美丽的希望。

好望角位于大西洋和印度洋的汇合处，即非洲南非共和国南部，也是非洲著名的旅游景点之一。苏伊士运河通航前，来往于亚欧之间的船舶都要经过好望角。

新的航路就这样被打通

1497年，迪亚士受命于国王曼努埃尔一世，再次率领船队远航。他绕着非洲海岸，沿途进行殖民贸易，并开发黄金输出港口。

1500年3月9日，迪亚士随同卡布拉尔的船队前往印度。5月12日，船队在海上见到彗星。迷信的船员认为这是灾难降临的预兆，都不禁惊慌失色。无巧不成书。5月24日，船队行到好望角附近的洋面上遇到大西洋飓风。

这种强劲的西风急流掀起的惊涛骇浪长年不断，这里除风暴为害外，还常有"杀人浪"出现。当浪与流相遇时，整个海面如同开锅似的翻滚，航行到这里的船舶往往遭难，这里也是世界上最危险的航海地段。迪亚士所在的船被冲天恶浪掀翻，仅有50岁的他葬身大西洋海底。

迪亚士虽然死了，但是新的航路已经被打通了，西方殖民势力从此也就从非洲伸展到了亚洲。

好望角还是一个植物宝库

好望角还是一个植物宝库，这里拥有全世界最古老、完全处于原生态的灌木层，有从来没有受过人类干扰的原始植物群，这里拥有植物进化不可多得的原始条件。

1836年6月3日，达尔文专程来到好望角，考察这里的植物资源及物种进化情况。

> 新航路的开辟引起了"商业革命"和"价格革命"，打破了各国相对隔绝的状态，为世界市场形成创造了条件，同时也证明了地圆说的正确性。

18 | 海洋探险人物

印度航线开辟者
达·伽马

海洋探险人物

达·伽马（约1469—1524年12月24日），出生于葡萄牙锡尼什，是葡萄牙航海家、探险家，也是从欧洲绕好望角到印度航海路线的开拓者。

达·伽马是15世纪末和16世纪初葡萄牙航海家，也是开拓了从欧洲绕过好望角通往印度航路的地理大发现家。由于他实现了从西欧经海路抵达印度这一创举而驰名世界，并被永远载入史册！

出生于航海世家的贵族子弟

1469年，达·伽马出生于葡萄牙一个名望显赫的贵族家庭，其父也是一名出色的航海探险家，曾受命于国王若昂二世的派遣，从事过开辟通往亚洲海路的探险活动，几经挫折，抱憾而逝了。

达·伽马的哥哥巴乌尔也是一名终生从事航海事业的船长，曾于1497年随同达·伽马从事探索印度的海上活动。由此可见，达·伽马是一名出生于航海世家的贵族子弟，从小就受过航海训练。

▲［达·伽马］

第一次远航

葡萄牙国王若昂二世自1488年迪亚士发现好望角后，本欲再次派遣船队东航印度，可一些人包括哥伦布在内却向国王宣传横渡大西洋也可以到达印度，从而使国王产生诸多疑虑而搁置计划。直到葡萄牙新君主曼努埃尔一世即位后

锡尼什是葡萄牙西南部的海滨小城，也是著名航海家达·伽马的出生地。

"达·伽马之家"正面的石匾宣告着：英雄航海家达·伽马出生于此。官方资料介绍说，这里其实是达·伽马曾经为自己修建宫殿的地方。但为什么今天我们看不见宫殿呢？因为宫殿还在修建过程中，达·伽马在国王曼努埃尔一世的命令下被迫停止修建、离开锡尼什。所以这座宫殿从未完工，19世纪的时候最终被拆除。

海洋探险人物 | 19

图说海洋 影响历史的海洋人物

▲ [著名航海家达·伽马之墓]
1524年，达·伽马在印度科钦去世，享年53岁。

▲ [墓上帆船浮雕]
这是达·伽马的旗舰"圣加布里埃尔"号，这是一艘卡拉克型大帆船。

到达东非的达·伽马露出了贪婪的本性，大量无辜的黑人也因他而丧命，达·伽马俨然一副上帝使者的样子。他通过欺骗、暴力等手段得到了当地人的信任和帮助，于1498年5月20日，远航到了印度西南部的卡利卡特。到达这里的达·伽马继续沿用他的暴力手段，最终和当地贵族达成了贸易协定。

才派达·伽马率船队沿传统海道东航，寻找通往印度的海道。

1497年7月8日，达·伽马率船队从里斯本出发，寻找通向印度的海上航路，船队经加那利群岛，绕好望角，经莫桑比克等地向印度进发。1498年3月2日，船队进入莫桑比克。4月在马林迪，达·伽马得到了当地著名的阿拉伯领航员马德杰德的帮助，在他的指引下，船队航行23天，穿过阿拉伯海，于1498年5月20日，离开葡萄牙近10个月后，到达印度南部最著名的商业中心卡利卡特。1499年9月9日，达·伽马回到了葡萄牙，带回大量香料、肉桂，达·伽马也因此成为一个富豪，并被称为"印度洋上的海军上将"。

促进了欧亚贸易的发展

达·伽马在1502—1503年和1524年又两次到达印度，后一次被任命为印度总督。达·伽马通航印度，促进了欧亚贸易的发展。

在1869年苏伊士运河通航前，欧洲对印度洋沿岸各国和中国的贸易，主要通过这条航路。这条航路的通航也是葡萄牙和欧洲其他国家在亚洲从事殖民活动的开端。

经过近百年的探险、屠杀、抢掠，葡萄牙横跨半个地球的东方殖民帝国终于建立起来。

达·伽马通航印度，直接促进了人类史的世界化趋势和发展，具有巨大的意义！

发现巴西

佩德罗·阿尔瓦雷斯·卡布拉尔

达·伽马发现印度的消息一经传开,全世界都掀起了航海探险潮流,葡萄牙国王曼努埃尔一世更是大为激动,于是又组建了一支由13艘船和1500名船员组成的舰队,由贵族佩德罗·阿尔瓦雷斯·卡布拉尔率领,探索新的海域。

达·伽马发现印度的消息一传开,整个葡萄牙都激动起来了。1500年,葡萄牙国王曼努埃尔一世很快装备了一支庞大的舰队,由13艘船和1500名船员

▲ [卡布拉尔雕像——里斯本]

▲ [卡布拉尔雕像——巴西]

海洋探险人物

图说海洋

影响历史的海洋人物

▲ [佩德罗·阿尔瓦雷斯·卡布拉尔登陆巴西]

组成，任命贵族佩德罗·阿尔瓦雷斯·卡布拉尔率领这支队伍出航。这次航行的目的是继续达·伽马到印度海路的探索。

1500年3月9日卡布拉尔的舰队从里斯本出发。卡布拉尔按照达·伽马的建议，即在非洲西南部热带海域航行时，不再沿海航行，而是向西南方驶入大西洋深处，然后再往南行驶。

但在实际航行中，卡布拉尔的舰队在通过佛得角群岛后，遇到强烈风暴（其中有一艘船遭遇风暴后直接返航了），又被赤道洋流推到了较远的海域。换言之，他们把这个往西南航行的弧圈画得太大了，以至他们进入了一个未知的海域。

> 发现好望角的迪亚士担任其中一条船的船长。这次航行的真正目的不是探险，而是征服印度，垄断香料贸易。

▲ [佩德罗·阿尔瓦雷斯·卡布拉尔的签名]

22 | 海洋探险人物

▲ [佩德罗·阿尔瓦雷斯·卡布拉尔硬币——纪念诞辰 500 周年时发行]

在这个未知的海域，经过近一个月的航行，船员们看到了陆地（即今巴西东海岸的帕斯夸尔山）。卡布拉尔在海岸登陆，舰队全部驶入港口（即今巴西的波尔图塞古鲁港），卡布拉尔给这里起名叫维拉克鲁兹（Ilha de Vera Cruz，葡语意思是"圣十字地"）。在岸边竖起刻有葡萄牙王室徽章的十字架，同时宣布该地区为葡萄牙国王所有，并派一条船回国报信。

休整后，其余的船继续顺着海岸线航行勘察，又经过了 5 个月的行驶，卡布拉尔的船队抵达印度的卡利卡特（当时著名的贸易中心，中国古籍中称为"古里"）。在这里遇到当地人的抵抗，卡布拉尔从海上向卡利卡特发起攻击，战争从凌晨一直打到深夜，卡布拉尔洗劫了在港口内的商船，杀害了无辜船民 600 人，并在印度沿海建立了永久性的贸易据点和武装据点。

1501 年夏，卡布拉尔的船队回到了葡萄牙，在这次航程中，尽管他们损失了 6 艘船和许多人员，但卖掉运回的香料后，他们的盈利超过了总花费的 2 倍。

这是一次成功的航行，卡布拉尔不仅发现了巴西，还到达了印度，这意味着阿拉伯人和威尼斯人对香料贸易的垄断已经被打破，更重要的是葡萄牙还在印度沿海建立了据点，为下一步控制香料贸易做好了准备。

海洋探险人物

德雷克海峡的发现者
弗朗西斯·德雷克

德雷克是"魔鬼海峡"德雷克海峡的发现者，也是16世纪英国著名的航海探险家和海盗，曾两次完成环球之旅，他也曾参与击溃西班牙无敌舰队的战争，是一个人生充满了争议的人物。

▶ [伊丽莎白一世册封德雷克为骑士]
伊丽莎白一世册封德雷克为骑士的浮雕，值得注意的是，册封地点不是在女王宫殿，而是在"金鹿"号的甲板上。

德雷克被授予骑士称号后，的确从属于社会特权阶层，但是他得到的不是世袭贵族称号，只是仅限一代的称号。即使是在击败西班牙无敌舰队之后，德雷克也没能从女王陛下那里得到世袭贵族爵位的册封。对立下大功的海盗，可以封其为骑士，但不能随便让他加入世袭贵族行列，这或许是女王在政治上的判断。

海盗德雷克

德雷克出生于英国德文郡的塔维斯托克，他的父亲是一个自耕农。1549年康沃尔郡天主教徒曾经发起"祈祷书叛乱"，反对爱德华六世使用英语祈祷书的决定。不久叛乱蔓延到德文郡。德雷克的父亲是一个虔诚的新教徒，所以，他迁居到了当时新教徒势力强大的普利茅斯，到湾内的一个小岛上避难，现在这个小岛被命名为德雷克岛。

不久德雷克的父亲又迁到泰晤士河河口附近的古灵厄姆，充任查塔姆船厂的工作人员和水手们的临时牧师。德雷克则在韦特兰船长手下做见习水手，来往于法兰西和荷兰沿岸，学习航海的实际业务。

德雷克17岁就当上了沿海航线小帆船的船长。当他风闻表兄约翰·霍金斯在三角贸易中获得巨大利益之后，便毅然把自己的船卖掉，参加了约翰·霍金斯组织的第三次航海。

1568年，德雷克和他的表兄约翰·霍金斯带领五艘贩奴船前往墨西哥，由于受到风暴袭击而向西班牙港口寻求援助，但是西班牙人欺骗了他们，并对他们发动了袭击，造成数艘船舰在墨西哥韦拉克鲁斯被击沉，即圣胡安战役。西班牙人的欺骗险些让德雷克丢了性命。从此后他发誓在有生之年一定要向西班牙复仇。

这次战役也导致英国和西班牙两国关系迅速恶化，但当时西班牙的海上霸主地位不可动摇，因此英国女王伊丽莎白一世向海盗发放了私掠许可证，鼓励他们向西班牙商船发起攻击，自从获得女王颁发的私掠许可证后，从1571年起，德雷克就率领自己的船队开始对西印度群岛和中南美洲的西班牙殖民地进行无休止的袭击和掠夺。1572—1574年间，德雷克两次在西班牙的财宝存放地巴拿马地峡的诺布尔德迪埃斯附近登陆，抄山间小路奇袭西班牙珍宝船队，夺得了大量的财宝，在返回英国后被誉为民族英雄。

德雷克的环球之旅

1577年，德雷克再次从英国出发，乘着"金鹿"号直奔美洲沿岸，一路打劫西班牙商船，但他也遭到了西班牙军舰的追击，由于西班牙海军的封锁，他无法通过狭窄的麦哲伦海峡，在一次猛烈的风暴中，"金鹿"号同船队其他伙伴失散了，被向南吹了5°之多，来到了西班牙人也未曾到过的地方，这就是今天的"德雷克"海峡，而后德雷克穿过了海峡，于1579年7月23日到达了马里亚纳群岛，8月22日穿过北回归线，9月26日回到了阔别已久的朴次茅斯港，再次成为"民众的英雄"，这次航行是继麦哲伦之后的第二次环球航行，但德雷克却是第一个自始至终指挥环球航行的船长。

> 西班牙无敌舰队是西班牙16世纪后期著名的海上舰队，无敌舰队是约有150艘以上的大战舰，3000余门大炮、数以万计士兵的强大海上舰队，最盛时舰队有千余艘船舰。这支舰队横行于地中海和大西洋，骄傲地自称为"无敌舰队"。

> 1568年初，由于船只损坏，德雷克需要在西班牙殖民地修理船只。西班牙总督同意以后，却在几天后下令全部处死英国船员，仅有德雷克和他的表兄霍金斯逃出虎口。从此以后，德雷克有了一颗仇恨西班牙的心。

> 西班牙珍宝船队是指16—18世纪，由西班牙帝国组织的，定期往返于西班牙本土及其海外殖民地之间，将欧洲货物运至美洲殖民地，并将殖民地产品（尤其是金银）运回母国的大型船队。运输的货物除了金银、宝石，还包括香辣料、烟草、丝绸等，西班牙皇室可以从货物中抽取五分之一。

海洋探险人物

德雷克带回了数以吨计的黄金白银，丰富了女王的腰包，更重要的是德雷克为英国开辟了一条新航路，大大促进了

▲ [弗朗西斯·德雷克爵士在普利茅斯时-铜匾]
该铜匾由约瑟夫·贝姆于1883年制作，此雕像展示的是弗朗西斯·德雷克在听到西班牙舰队即将进攻时的不屑。

海洋探险人物 | 25

图说海洋

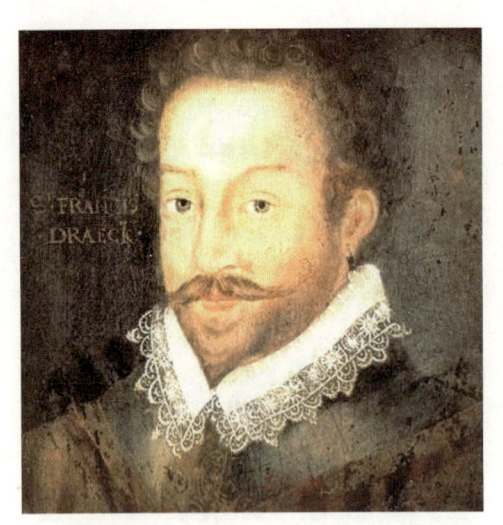

影响历史的海洋人物

▲ [德雷克]

> 隐藏在德雷克"国家英雄""航海家""探险家"光环背后的其实是他的海盗身份。根据研究德雷克的文献进行计算的结果，他的海盗生涯一共带回了价值60万英镑的财物，其中30万英镑进了女王的腰包。当时英国一年的国家预算大概是20万英镑。

> 伊丽莎白一世时代的英国远远落后于当时称霸海洋、经济实力强大的西班牙和葡萄牙，处于极度贫穷的状态。"海盗钱"实际上是当时弱小的英国富国强兵的重要手段。

英国航海业的发展，而且他还发现了宽阔的德雷克海峡，自此以后，太平洋再也不是西班牙的海了。1580年他再次带领船队进行了一次环球航行。

人生巅峰：击败无敌舰队

1588年7月31日拂晓，英、西双方舰队在英吉利海峡展开决战。英国的舰队总司令是海军大臣霍华德，而副总司令则是德雷克，他们分别乘坐旗舰"方舟"号和"复仇"号。在这次战争中，英国舰队大败西班牙无敌舰队，杀死杀伤大量西班牙军舰船员，并击沉大量的无敌舰队军舰，史称格拉沃利讷海战。此战过后，西班牙海军一蹶不振，英国开始成为海上强国。在这次海战中英国海军拉开距离，利用火炮战斗的先进战术发挥了重要作用。战后德雷克被封为英格兰勋爵，成为海盗史上的传奇。

但随着1589年科伦纳·里斯本远征失利，被国民誉为民族英雄、长期深受恩宠的德雷克，逐渐失宠和被疏远了，人生开始走下坡路。1595年，在远征西印度群岛时，由于德雷克与霍金斯之间的争吵以及德雷克指挥上的失误，没有取得任何成果。1596年1月27日，德雷克因为痢疾病死于巴拿马。

▲ [伊丽莎白一世]

伊丽莎白一世终身未嫁，因此被称为"童贞女王"，也被称为"荣光女王""英明女王"。

北美大陆发现者
哥伦布

克里斯托弗·哥伦布（1451—1506 年），探险家、殖民者、航海家，出生于中世纪的热那亚共和国（今意大利西北部）的一个工人家庭，是信奉基督教的犹太人后裔。长大后当上了舰长，是一名技术娴熟的航海家。他确信西起大西洋可以找到一条通往东方的切实可行的航海路线。

▲ [希腊邮票：发现美洲]

哥伦布是地圆说的信奉者，也是一位技术娴熟的航海家，是推崇马可·波罗的狂热者；他意在寻找东方的宝藏，却意外发现一个新的世界；他四次登上美洲大陆，开启了大航海时代的序幕，改变了世界历史的进程。

改变历史的同时，也给其他大洲带去了灾难

哥伦布自幼热爱航海冒险。他读过《马可·波罗游记》，十分向往印度和中国。当时，地圆说已经很盛行，哥伦布也深信不疑。经过不懈努力，他的向西航行到达东印度群岛的冒险性计划得到西班牙王室的支持。

1492 年 8 月 3 日，哥伦布受西班牙

哥伦布的远航是大航海时代的开端。新航路的开辟，改变了世界历史的进程。它使海外贸易的路线由地中海转移到大西洋沿岸。从那以后，西方终于走出了中世纪的黑暗，开始以不可阻挡之势崛起于世界，并在之后的几个世纪中，成就海上霸业。一种全新的工业文明成为世界经济发展的主流。

"新大陆"是相对哥伦布和西方人而言的，对美洲原住民印第安人来说并不是新大陆，他们早在 4 万年前就已经到达美洲大陆，大约是从亚洲渡过白令海峡到达美洲的，或者是通过冰封的海峡陆桥过去的。不管是哥伦布还是其他西方人登上的美洲大陆，都不是"首先发现"，在他们来之前这里就有几千万的居民。但是，哥伦布的发现对世界产生了巨大影响，也成为人类历史发展的重要转折点。

哥伦布日的时间是 10 月 12 日或 10 月的第二个星期一，是美国于 1792 年首先发起的，当时正是哥伦布发现美洲 300 周年的纪念日。此后美洲很多国家都相继有了哥伦布日。

海洋探险人物

图说海洋

影响历史的海洋人物

◀ [巴塞罗那哥伦布纪念碑]

巴塞罗那哥伦布纪念碑位于兰布拉大街尽头。为了庆祝1888年的万国博览会，1886年建造了这座圆柱形纪念碑，纪念碑顶端是哥伦布一手捧书、一手指着美洲大陆方向的塑像。这座巍峨的圆柱形纪念碑全部用赭红色大理石建成，塔身高达60米，上有"光荣属于哥伦布""向哥伦布致敬"两行大字。

> 哥伦布发现新大陆后，西班牙女王为他举行了盛大的欢迎宴会。宴会上，一些人说哥伦布的发现没什么了不起，他到不到那里，陆地都在那里。这是万能的上帝所创造的，又不是他哥伦布变戏法变出来的！哥伦布听后站起身，他从桌子上拿起一个煮熟的鸡蛋，向在场的人们说，谁能把这个鸡蛋竖起来？大家都呆住了，心想，尖尖的鸡蛋怎么可能竖起来？哥伦布把鸡蛋往桌子上一竖，鸡蛋发出轻轻的破裂声，但同时也稳稳地站在了那里。
>
> 他说：我知道，你们认为我这样做是打破常规的！可是我做到了，你们却没有做到！

> 委内瑞拉总统查韦斯曾公开呼吁拉丁美洲人不要庆祝"哥伦布日"，称哥伦布1492年的地理大发现带给拉美土著印第安人的是长达150年的"种族屠杀"，认为克里斯托弗·哥伦布是人类历史上最大的侵略与种族灭绝的先锋。

女王派遣，带着给印度君主和中国皇帝的国书，率领三艘帆船，从西班牙巴罗斯港扬帆出大西洋，直向正西航去。经过70个昼夜的艰苦航行，1492年10月12日凌晨终于发现了陆地。哥伦布以为到达了印度。后来才知道，哥伦布登上的这块土地，属于现在中美洲加勒比海中的巴哈马群岛，他当时为它命名为圣萨尔瓦多。圣萨尔瓦多便是救世主的意思，这个救世主拯救了刚刚兴起的欧洲，但是也许在改变历史的同时，也给其他大洲带去了灾难。

在后来的三次航行中，哥伦布到达过大安的列斯群岛、小安的列斯群岛、加勒比海岸的委内瑞拉以及中美洲，并宣布它们为西班牙帝国的领地。

是哥伦布发现了新大陆

从历史上看，在哥伦布之前应该有人到达过美洲，但他们似乎并不重要，因为他们的发现既没有被传播开来，也没有引发欧洲和美洲的任何变化。相反，哥伦布发现新大陆的消息传遍了整个欧洲。接踵而来的是对新大陆的一次又一次的探险，对这块土地的殖民和征服活动由此开始。

即使没有哥伦布，他做的事情别人也会去做，美洲大陆迟早会被发现，哪怕是晚几十年。但是，如果同样是在大航海时代，美洲被英国人、葡萄牙人，或者亚洲人发现，后面的历史也许就完全不同了。这正是哥伦布独具影响力的原因。

环球航行第一人
麦哲伦

麦哲伦1480年生于葡萄牙北部一个破落的骑士家庭。10岁左右进入王宫服役，充当王后的侍从。16岁时进入葡萄牙国家航海事务厅，因而熟悉了航海事务的各项工作。

麦哲伦环球航行是世界航海史上的一大成就，葡萄牙航海探险家麦哲伦率领的探险船队在1519—1522年9月环球航行成功，他的壮举不仅开辟了新航线，还证明了地球是圆的。

西班牙国王支持麦哲伦进行航海探险

麦哲伦在33岁那年，向葡萄牙国王曼努埃尔申请组织船队去探险，进行一次环球航行。可是曼努埃尔没有答应，因为他认为东方贸易已经得到有效的控制，没有必要再去开辟新航线了。1517年，麦哲伦离开了葡萄牙，来到了西班牙塞维利亚，他向塞维利亚的要塞司令提出环球航行的请求。塞维利亚的要塞司令非常欣赏他的才能和勇气，并把女儿也嫁给了他。

1518年3月，在要塞司令的推荐下，西班牙国王查理五世接见了麦哲伦，他的环球航行的计划得到了查理五世的支持。他为麦哲伦装备了远航探险船队。麦哲伦的探险船队由5艘远洋海船、

▲ [麦哲伦画像]

1517年10月20日麦哲伦放弃葡萄牙国籍，抵达西班牙塞维利亚。

海洋探险人物

图说海洋

影响历史的海洋人物

[麦哲伦十字架]

菲律宾宿务市的麦哲伦十字架建于1521年，标志着西班牙国王将菲律宾岛屿殖民化。

200多名船员组成，旗舰"特里尼达"号排水量110吨，其他4艘不足百吨。

圣胡利安港

1519年9月20日，麦哲伦探险船队驶离了西班牙。船队沿着南美海岸南下，航行了4个月。

1520年3月31日，麦哲伦发现一个平静的港湾，他把它命名为圣胡利安港，船队驶入港湾，麦哲伦探险船队在圣胡利安港度过了一个冬天。

[菲律宾英雄拉布拉布酋长]

拉布拉布首长手握大刀，目光炯炯地凝视海面，是他干掉了麦哲伦。

麦哲伦在这场殖民菲律宾的战斗中撤退时，先被土著岛民投来的标枪刺中腿部跌倒在地，他爬起来继续跑但还是落在了队伍的后面，被追上来的土著们砍死，由于他的同伴们撤退太快，连土著们后来怎么处理的麦哲伦尸体都不清楚。

1520年5月中旬，为了找到通往太平洋的航线，麦哲伦派出一艘远洋帆船向南航行，探索航路，但不慎触礁受损。这样，当麦哲伦探险船队再次扬帆起航时只剩下4艘远洋帆船。

这个海角命名为合恩角

1520年10月21日，探险船队沿着南美洲海岸向南航行，发现了一条通往太平洋的海峡。船队冲入海峡，驶入一个比较宽阔的海港，麦哲伦船队向南航行了几天，接连穿过几个海港，并发现了两条水道，一条朝东南，另一条朝西南。

麦哲伦让"圣安东尼奥"号和一艘海船向东南航行，他自己乘坐的旗舰"特里尼达"号带领另一艘海船向西南航行。结果朝西南航行的海船发现了一个海角和一片海洋。麦哲伦将这个海角命名为合恩角。

麦哲伦船队只剩了3艘船

向东南航行的"圣安东尼奥"号却走进了死胡同，在返回途中，"圣安东尼奥"号船上的主舵手乘机哗变，驾驶一条帆船返回了西班牙。

麦哲伦船队只剩了3艘船继续在海峡里航行。

麦哲伦海峡

麦哲伦以顽强的意志，指挥船员们与风浪作斗争。经过28天苦斗，在1520

▲ [麦哲伦的牺牲地]

双面碑上记载着这一历史事件，背后的壁画清晰地再现了当年激烈的战争场面。

▲ [麦哲伦在里斯本的纪念雕像]

海洋探险人物

海洋探险人物 | 31

年11月28日，船队终于走到水道的尽头，这表明船已通过海峡，进入了太平洋。后人为纪念麦哲伦，把这条海峡称为麦哲伦海峡。

菲律宾的名称就这样由来

1521年，麦哲伦船队横渡了太平洋，船队先后到达了菲律宾群岛中的胡穆奴岛、马克坦岛和宿务岛。在宿务岛上，麦哲伦想把岛上的一个小王国变成西班牙的殖民地。

他带领船员，手持火枪、利剑，强行登岸，用血腥手段征服了这个地区，并用西班牙国王菲利普二世来命名这个地区，菲律宾的名称就这样由来。1521年4月27日夜间，麦哲伦与船员和宿务岛上的土著发生冲突，土著居民用箭、标枪对付入侵者。土著酋长拉布拉布的一支毒箭射中了麦哲伦，受伤后的麦哲伦逃跑不及，被乱刀砍死。

> 麦哲伦在一片海域历经100多天的航行，一直没有遭遇到狂风大浪，他就给这片海域起了个吉祥的名字，叫"太平洋"。

> 麦哲伦率领船队沿麦哲伦海峡航行。由于海峡两岸的土著居民喜欢燃烧篝火，麦哲伦在夜里见到陆地上火光点点，便把海峡南岸的这块陆地命名为"火地"，这就是今日智利的火地岛。

船队回到了西班牙

麦哲伦手下的人继续了他未完成的航程，远航渡过印度洋，绕过好望角，越过佛得角群岛，于1522年9月6日回到了西班牙，历时1082天，完成了人类首次环球航行。

麦哲伦船队出发时的200多名船员只剩下18名船员返回。麦哲伦船队以巨大的代价取得了环球航行的成功，证明了地球是圆球形的，世界各地的海洋是连成一体的。为此，人们称麦哲伦是人类历史上第一个拥抱地球的人。

▲ [麦哲伦企鹅]

麦哲伦企鹅是著名航海家麦哲伦于1519年最早发现的，后世科学界遂以他的名字命名该物种。

> 10世纪阿拉伯人和15世纪葡萄牙人远航到赤道以南时，都曾注意到南天星空中两个云雾状天体，称之为"好望角云"。葡萄牙航海家麦哲伦于1521年环球航行时，首次对它们作了精确描述，后来就以他的姓氏命名。大云叫大麦哲伦云，简称大麦云（LMC）；小云叫小麦哲伦云，简称小麦云（SMC）；合称麦哲伦云。

图说海洋 影响历史的海洋人物

北极探险家
白令

维他斯·白令（1681—1741年）出生于丹麦霍尔森斯，是一位俄罗斯海军中的探险家，白令海峡、白令海、白令岛和白令地峡都是以他的名字命名的。

1724年，彼得大帝决定组织一支航海探险队开赴北太平洋，探测亚洲大陆和北美大陆之间的海岸。白令受命组织了这支探险队。

第一次探险

1725年春天，白令率领由70多人组成的探险队出发了，由于当时北方海路还没开通，白令率领的探险队要先从彼得堡出发，一路上翻山越岭，涉水渡河，风餐露宿。探险队横跨欧亚大陆，终于在1727年到达了7000千米以外的鄂霍茨克。随后又乘船渡过鄂霍次克海来到堪察加半岛东部的彼得罗巴甫洛夫斯克。

1728年，白令指挥着探险队自己设计制造的"圣加夫利尔"号探险船驶离港口，沿堪察加半岛海岸向北挺进。白令确信北美洲和亚洲之间确实是被水隔开的。

1730年，白令结束了第一次探险活动回到了彼得堡。当时他身患重病，在他远征探险的这段时间里，他的5个孩子都夭折了。

▲ [白令浮雕像]

白令海峡位于亚洲最东点的迭日涅夫角和美洲最西点的威尔士王子角之间，海峡连接楚科奇海和白令海。名字来自丹麦探险家维他斯·白令，他于1728年在俄国军队任职时穿过白令海峡，是第一个穿过北极圈和南极圈的人。

在一次探险过程中，白令的船员H.舒马金病死在了第一次发现阿留申人的岛屿。为了纪念死去的船员，白令将这个岛屿命名为舒马金岛。

海洋探险人物

除了证明美洲与亚洲并不相连外，此次探险还记录了从堪察加半岛东岸向北的情况，并测绘了3500多千米的海岸线。

第二次探险：圣伊莱亚斯岛

1735年，白令第二次担任堪察加考察队的队长，副手为奇里科夫。考察队再一次横跨欧亚大陆到达堪察加半岛，1740年他建立了彼得罗巴甫洛夫斯克。1741年6月他从这里向美洲进发，一共有两条船，旗舰为"圣彼得"号。

一场风暴将两条船分开了，白令本人所在的探险船到达并停泊在一个小岛旁，站在船首能看到海峡对岸的北美大陆，看到海拔5000多米的圣伊莱亚斯山。他们在小岛考察中发现了一种鸟类，和生活在美洲东部的鸟很相似。另外，他们还发现了当地的土著民族。由于这个岛接近圣伊莱亚斯山，所以被考察队命名为圣伊莱亚斯岛（现在被称为卡亚克岛）。

病死在返航途中

返航途中，船队遭遇海上风暴，而且大雾频繁，粮食出现短缺。

而此时的白令已重病在身，无法指挥他的船了。他们漂泊到科曼多尔群岛的一个无人居住的小岛上，因为坏血病，白令和他船上的其他28名水手病死在这个岛上。此后这个岛被命名为白令岛。

剩下的船员于1742年8月26日返回到堪察加的彼得罗巴甫洛夫斯克。

白令是一位卓有贡献的航海探险家。尽管他的探险活动和沙皇俄国的扩张政策紧密联系在一起，但他为人类认识北极而做出的贡献，还是应该充分肯定的。后人为了纪念他，把他去世时所在的那个小岛命名为白令岛，把他发现的海峡取名为白令海峡，把阿留申群岛以北、白令海峡以南的海域命名为白令海。

▲ [灭绝的白令鸬]

白令鸬，又名白令鸬鹚或眼镜鸬鹚，是一种已经灭绝的鸬鹚。白令鸬最初是在白令（Vitus Bering）的第二次堪察加半岛探索中被随行队员发现的。他们形容白令鸬是一种体型大且丑陋的鸟类，而且差不多不懂得飞行。

西北航道探险家
亨利·哈得孙

亨利·哈得孙是一位英国探险家与航海家，以搜寻西北航道而闻名。他曾经替英国人做过三次航行（1607年、1608年、1610—1611年），替荷兰人做过一次航行（1609年），以寻求从欧洲通过北冰洋到亚洲的捷径。如今北美洲的哈得孙河、哈得孙海峡和哈得孙湾都是以他的姓氏命名的。

亨利·哈得孙前半生只是一名普通船员，直至1607年受聘于英国的莫斯科公司探索西北航道，然而他的两次远行并未为英国带来任何经济利益，于是被莫斯科公司解职。

1609年，哈得孙被荷兰东印度公司聘用，寻找前往亚洲的东方航道。他被要求穿越俄罗斯北部的北冰洋，进入太平洋，并到达远东。哈得孙在4月4日离开阿姆斯特丹，驾驶荷兰指挥船"半月"号。因为海冰阻挡前进的路线，他无法通过指定的路线，只能绕海而行，没有按照原定计划航行，最终无功而还，回国后还被拘押。

▲ [邮票上的亨利·哈得孙]

再次成功获得英国的支持

1610年他再次成功地获得英国的支持，展开另一段旅程。这笔资助资金来自维吉尼亚公司与不列颠东印度公司。

这次哈得孙驾驶他的新船"发现"号，在5月到达冰岛，随后在6月抵达格陵兰南部，然后绕过格陵兰的南部。

探险队在6月25日抵达拉布拉多

传说，在1626年，亨利·哈得孙只花了24荷兰盾，折合现在人民币就是166元，就将曼哈顿岛买了下来。后来，这个城市更名叫作新阿姆斯特丹。现在的人喜欢它的另一个翻译名称——华尔街。而这座城市名称由新阿姆斯特丹换成了新约克，最后换成了纽约。

亨利·哈得孙当时能买下曼哈顿是因为这里还没有成为殖民地，土地上居住的还是原住民——印第安人，所以沟通下来，只是花了24荷兰盾。

海洋探险人物

图说海洋 影响历史的海洋人物

北端的哈得孙海峡，然后在 8 月 2 日通过海峡南部，进入哈得孙湾。哈得孙花费了几个月时间探索其东部海岸并绘制了地图。哈得孙和他的船员未找到通往亚洲的西北航道。但成功勘探了加拿大的部分地区，哈得孙湾、哈得孙郡、哈得孙海峡和哈得孙河都是以他的名字命名的。

遭遇叛变，从此下落不明

其后，探险队被浮冰困在詹姆斯湾中，船员被迫上岸度过冬天，浮冰在第二年春季逐渐消散，哈得孙计划继续探索该地区，但是他的船员却思乡心切，叛变是由哈得孙的好友罗伯特·朱埃和亨利·格林发起的。他们将哈得孙、他十几岁的儿子约翰及生病体弱的 6 名船员放逐在一艘小型船上，任由他们在大海中漂流，哈得孙从此下落不明。

叛变船员大部分顺利返回欧洲，虽然他们遭到逮捕，但是没有人因为叛变及杀死哈得孙而受到处罚。有一种理论认为，因为他们到过新世界，所以被视为宝贵的资料来源。也许由于这个原因，虽然他们被指控蓄意谋杀，但是仍被无罪释放。

▶ [遭遇叛变的哈得孙]
遭到船员叛变的哈得孙和他十几岁的儿子还有 6 名生病体弱的船员被放逐在一艘小型船上，最后被流放在北美海域，从此下落不明。

哈得孙湾位于加拿大东北部，是深入北美洲大陆的海湾，东北经哈得孙海峡与大西洋相通。

36 | 海洋探险人物

三下太平洋的航海探险家
詹姆斯·库克

詹姆斯·库克，人称库克船长，其生平极富争议和传奇色彩。他曾三下太平洋，对于欧洲人来说，他是一个伟大的探险家、航海家和制图专家，但是对于当地土著来说，他确是一个恶魔，因为库克的到来给他们带来的不是好运，而是悲惨的殖民历史。

库克船长1728年10月27日出生在英国约克夏郡的一个贫苦农民家庭，出身很低微，但是他从小就勤奋好学，尤其对天文学和海洋知识感兴趣。18岁时，他曾在一艘船上找到工作，并且随船到波罗的海航行过几次。英法"七年战争"期间，他作为水手应征到皇家海军服役，后来逐渐升为大副、船长。1759年，他还指挥自己的船参加了圣·劳伦斯河战斗。可以说他后来的伟大成就，都是靠他的才华和勇气一步步获得的。

他之所以被后人称为库克船长、太平洋之王，是因为他曾三次率领船队前往太平洋地区，并成为第一个到达澳大利亚东海岸、新西兰和夏威夷群岛的欧洲人。

库克船长发现澳大利亚东海岸以及新西兰和夏威夷纯粹是历史巧合，因为当时他的使命是探索所谓南方大陆，即今天的南极洲。但是当时人们对此还存在争议，而且库克船长的船队条件太过简陋，不能抵御南极洲恶劣的环境，因此尽管他几次尝试前往，甚至还曾经到达南纬70°的海域，但是最后还是以失败告终。

库克船长三下太平洋是人类历史上

▲ [库克船长的小屋]

库克船长的小屋位于墨尔本市中心的菲茨若伊公园，是库克船长出生的地方。1728年10月27日，库克在这间位于英国约克夏郡的小屋之中出生了。小屋很朴实、简单，甚至是粗糙的，石砌的墙面透过暗黑的褐色透露出来的是古老沧桑的感觉。1934年，墨尔本建市100周年庆时，实业家拉塞尔爵士出资800英镑，将库克船长的这间故居买下，再在墨尔本原样组建而成。

库克船长在探索太平洋时，性病、酒精饮料和枪械等随着西方文明一同传入了那些还没有被西方人开发的地方，从这个角度来说，库克船长的航行所带来的西方文明的的确确是一种文化入侵。

海洋探险人物

图说海洋 影响历史的海洋人物

▲ [全球首张塑料钞票]

全球首张塑料钞票——澳大利亚移民澳洲200周年塑料纪念钞。塑料纪念钞正面图案：主景描绘200多年前英国移民者乘"萨帕拉"号双桅帆船抵达悉尼时的情景，透明窗防伪标志人物是英国航海家库克船长。

的壮举，也是他作为传奇探险家一生最辉煌的经历，这三次探索太平洋都取得了很大的成就。库克船长三下太平洋是分阶段完成的。

第一次是在1768—1771年，历时三年。这是库克船长的第一次远航，有些经验不足，因此走了很多冤枉路，但是成果还是很丰富的。他到达了新西兰和澳大利亚东海岸，并对新西兰和澳大利亚东海岸进行了科学考察。他还在新西兰进行了环岛航行，发现新西兰是由南北两个大岛组成。在澳大利亚东海岸他发现了悉尼这个天然良港，并且还宣布新西兰和澳大利亚是英国的领地。

第二次下太平洋是在1772—1775年，这次库克船长率领两艘大船，但是这次他很不走运，由于恶劣的天气和坏血病的困扰，两艘船期间失散了，所以这次

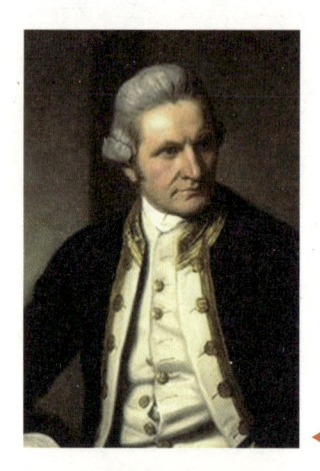

◀ [库克船长画像]

◀ [土著人]

库克船长的航海过程中遇见的土著人，被当时随行的画家威廉·霍齐斯记录了下来。

▲ [航海见闻]

库克船长航海中随船画家威廉·霍齐斯画下的当地风情。

考察显得仓促匆忙。不过虽然库克船长还是没有寻找到传说中的南方大陆，但是也第一次抵达了南纬70°的海域，这已是当时人类到达的最南端了。

第三次下太平洋是在1776—1779年，此时库克船长已经退休了，但是他仍然不甘就此安度晚年，因此在一次机遇下，库克船长再次扬帆起航，这一次他发现了夏威夷群岛，但是由于他卷入了当地土著的纠纷中，不幸被人用长矛刺死，并且遗体遭到肢解。一位伟大的航海家就此陨落了。

不过即便如此，库克船长的成就还是很大的，尤其难得的是，他不是仅仅到达某个岛屿走马观花式的探险，而是实实在在的科学考察。库克船长不仅精确绘制了夏威夷到新西兰之间的经纬线图，而且还对新西兰进行了环岛考察，确认新西兰岛不是一个整体，这些都是前所未有的发现，因此库克船长成为历史上最伟大的航海家、探险家和制图学家之一。

库克船长的航海实践，大大丰富了人们的海洋地理知识，同时也加深了人们对海洋和发生在海洋中多种自然现象的认识。他是继哥伦布之后，在海洋地理方面拥有奠基性发现的航海家。

库克船长在长时期的远航实践中，总结出了通过改善船员的饮食——包括增加水果和蔬菜等方法，来预防由于长期航行，船员缺乏维生素C等营养出现的坏血病。这是库克船长在航海医学上的重大贡献。

英王乔治三世曾打算在库克船长返国后，授予他世袭从男爵爵位，但因为库克船长之死而未能实现。虽然如此，英王仍赏赐了库克船长的遗孀伊丽莎白一笔可观的长俸，以作慰问。1785年，乔治三世又向伊丽莎白颁授一面勋章，供库克船长的家族成员使用。伊丽莎白一直活到1835年，即库克船长死后56年，才以93岁之龄逝世。

海洋探险人物

图说海洋 影响历史的海洋人物

第一个到达南极点的探险家
罗尔德·阿蒙森

罗尔德·阿蒙森，他的头上有着无数第一的光环。他领导的探险队是第一支到达南极的探险队；他是第一个到达南极点的人；是第一个穿越"西北水道"的探险家，也是北极磁的发现者。

阿蒙森1872年7月16日出生在挪威的博尔格。他的父亲是船长，母亲逝世后，21岁的阿蒙森选择了退学，并将航海探险作为自己一生的事业。阿蒙森曾在挪威海军服役。1901年到格陵兰东北进行过海洋学研究。

▲ [罗尔德·阿蒙森]

25岁时，阿蒙森加入了比利时南极探险队，担任大副，开始进行南极探险。这些经历为阿蒙森未来的探险积累了相当有益的经验。

威廉王岛上探出北磁极的位置

1903年，阿蒙森沿被称为"西北航道"的美洲北极海岸，从大西洋航行进入太平洋，进行了历时3年的冒险航行。

阿蒙森和他的伙伴乘坐的是47吨单桅帆船"佳阿"号。他们于6月1日离开挪威，结果船被冰封住将近两年。在这次探险过程中，阿蒙森在威廉王岛上探出北磁极的位置，并发现英国探险家约翰·罗斯约在60年前第一个测定的这一磁极位置有所移动。

北极　北磁极

南磁极　南极

地极与磁极不重合

地球磁轴与地球表面相交的两点，即地磁南极和地磁北极，北极磁点即为地磁的北极。

地磁的北极。其位置在不断移动。1975年位置约当西经100°、北纬76°06′，即离北极点约1600千米的加拿大北部帕里群岛中的巴瑟斯特岛附近。现每天以20.5米的速度向北移动。估计到公元2400年，将移到俄罗斯西伯利亚泰梅尔半岛。

第一个到达南极点的探险家

正当阿蒙森满怀热情地沉浸在扩大北冰洋之旅、直抵北极点的计划中时，却传来了美国人罗伯特·皮尔里已宣布到达北极点的消息。阿蒙森想，如果能抢先拿下南极点，那么自己必然声名大噪，未来探险找赞助就不成问题了。于是他明面上准备北伐，暗地里却策划南征。

1910年6月，阿蒙森和同伴乘"前进"号从挪威出发，1911年1月3日他们到达南极大陆的鲸湾，此后阿蒙森与同伴乘狗拉雪橇向南极进发，沿途在南极进行了观测研究。当时很多人也在对探险南极跃跃欲试，他们面临的最大困难是严寒的天气。不过，肆虐的暴风雪没有挡住这些勇者到南极探险的步伐，阿蒙森冒着风雪，艰难前进，最终于1911年12月15日顺利到达了南极点，成为第一个到达南极点的探险家。阿蒙森与英国探险家斯科特之间曾进行过征服南极点的"南极竞赛"，结果阿蒙森成功了，而斯科特和他的队员倒在了归途中。

阿蒙森在《南极》一书中如此评价他的南极探险："我可以说这次探险具备的最重要因素是预期了所有的困难，做好预防措施来面对或是避免困难。成功是给一切都准备就绪的人的，人们称这个为运气。对于没有及时做好必要的预防措施的人而言，失败是必然的，这就叫作坏运气。"在阿蒙森看来，所谓幸运，不过是准备充分的必然结果！

阿蒙森所乘的"前进"号是跟北极探险名家弗里特约夫·南森借的，是那个时代第一等的极地航船。

▲ [赶雪橇的阿蒙森]

阿蒙森身裹狼皮大氅，赶着一群雪橇犬，冒着风雪前往南极点。

《我作为探险家的一生》

1926年5月11日至13日，阿蒙森和美国探险家L.埃尔斯沃思、意大利航空工程师U.诺比莱从挪威乘"挪威"号飞艇到达阿拉斯加，第一次飞越了北极上空。

1928年6月18日，阿蒙森在一次前往北极的飞行中失事亡故，享年56岁。为了记录自己的探险生涯，阿蒙森曾写有《南极》《我作为探险家的一生》等著作，这让他那段"冰冷"的历程带着生命的温度流传千古。

海洋探险人物

北极探险家
弗里特约夫·南森

图说海洋 影响历史的海洋人物

弗里特约夫·南森是挪威的一位航海家、北极探险家、动物学家和政治家。由于1888年跋涉格陵兰冰盖和1893—1896年乘"弗雷姆"号横跨北冰洋的航行而出名。

第一个证实北极是海洋的探险家

▲ [南森]

南森曾在格陵兰岛与因纽特人交往、学习研究,最后他写成一本名叫《因纽特人的生活》的书并于1891年出版。

南森,1861年10月10日出生在挪威奥斯陆(克里斯蒂安尼亚)附近的一个富有家庭。

"绿色之地"

1888年,为了对尚未为人所知的格陵兰岛的内陆进行勘查,南森提出用雪橇进行横跨格陵兰冰盖的考察计划,然而他这一提议不为世人所理解,很多人认为这是沽名钓誉的鲁莽举动。卑尔根的一份幽默报纸还极尽调侃之能事对他进行讽刺:"好一场表演!博物馆长南森要去格陵兰做一次滑雪表演,冰缝里有的是好座位,用不着买来回票。"世人的轻视更坚定了他的信心,挪威政府拒绝资助他,他就去丹麦募集资金。同年5月,他同5位助手乘坐一艘海豹捕猎船登上了荒凉的格陵兰的东海岸,他们开始由东向西艰苦地行进,10月上旬他们到达了格陵兰岛西海岸的戈德霍普港,一路上他们战胜了种种意想不到的困难,翻越了一个又一个覆盖着格陵兰大部分内陆的光秃秃的冰帽,在这个"绿色之地"("格陵兰"意即"绿色之地")

▲ [南森奖章]

南森曾参与希腊及土耳其之间的斡旋，促成双方在1923年签署《洛桑条约》。南森于1930年在试图飞越北极的飞行中不幸遇难，享年69岁。

中寻找每一片新奇神秘的地方。经过400多英里（1英里=1.609千米）的长途跋涉，他们最后终于精疲力竭地抵达了目的地。第二年春，他回到挪威，国人的态度一下子就改变了，因为他做到了前人从未做过的事。

"前进"号

格陵兰考察成功之后，南森探险的筹款活动困难大为减少。南森利用筹来的资金建造了一艘船，并将该船取名为"前进"号。这艘船的最大特色是其外壳呈圆形。这样可以使船易于挤进大冰群并拱在其上面。这也促使他后来对南极进行了多次考察。

向北冰洋进发

1893年，南森带着12个同伴启程向北冰洋进发。9月22日，"前进"号到

▲ [南森难民奖]

南森难民奖设立于1954年，其前身为南森奖章。它以挪威北极探险家、社会活动家和国际上第一位难民事务官员弗里特约夫·南森的名字命名。该奖项每年颁发一次，授予对难民事业做出特殊贡献的组织和个人，并颁发10万美元奖金。该奖金由挪威及瑞士政府联合捐助，以作为对难民项目的支持。

图说海洋 影响历史的海洋人物

> 第一次世界大战后，南森领导了国际联盟的第一次人道主义行动：遣返45万战俘。他的智慧、勇气和魅力让他的工作赢得了众多国家政府和志愿组织的支持。

> 1921—1922年俄罗斯爆发饥荒，南森为遭受食品短缺的几百万人组织了一个救援计划。因此，1922年他荣获了诺贝尔和平奖。

达切柳斯金角东北方向的北纬78°50′，东经133°31′的冰区。在漂浮过程中，南森通过计算发现，这条路不能使该船跨过北极。另外冰况使船行进遇到难以克服的困难。因此，在1895年南森带着一个同伴离船乘雪橇向北极前进。

他们在很接近北极的地方迷失了方向，这里靠近北磁极，指南针的偏差很大，以至于他们不知道自己的位置，他们不得不在这个荒无人烟的岛上度过他们在北极区的第三个冬天。

结果他们都长胖了

他们两人在岛上避风的地方盖了一座石砌的小房子，用苔藓堵塞壁缝，用不透水的厚海豹皮做屋顶。用海豹皮做遮风御寒的衣料，用海豹的膏油做燃料，他们还去捕猎北极熊，解决了冬天的食物和用作垫褥的熊皮，没有风时，他们就出去打猎，在雪地上散步，或者欣赏北极光和流星的精彩表演，而当狂风怒号，大雪纷飞时，他们就待在小房子里，围着油炉而睡，由于整日无所事事，而吃的尽是营养丰富的熊肉汤和煎熊排，结果他们都长胖了。

等天暖后他们继续上路，最后搭乘了一艘来自挪威的货船回国，国内人们原以为他们早就死在北冰洋上了。

整个挪威都轰动了

南森回国一个星期后，"前进"号也刚好安全返回，正如南森预料的那样，"前进"号后来继续随着洋流漂移，尽管最后偏离了北极，但还是安全地通过了北极海区。

整个挪威都被南森和他的"前进"号的成功轰动了。

南森回到挪威以后，一直致力于科学研究，出版了许多著作，其中很多出版物上都有南森亲自作的图解说明。另外，南森还在海洋学仪器的设计、风生洋流的解释和北方水域水层形成的方式等方面的研究中做出了贡献。

从未扬帆远航的航海家
恩里克

恩里克的全名是唐·阿方索·恩里克,是葡萄牙亲王、航海家,因设立航海学校、奖励航海事业而被人称为"航海者",实际上他从未扬帆远航过。

▲ [恩里克王子]

恩里克王子是葡萄牙国王若昂一世的第三个儿子,可是他对于政治并不感兴趣。他视野开阔,眼光长远。他非常清醒地认识到,对于葡萄牙这样的小国家来说,向东、向大陆发展是没有机会的,葡萄牙的未来只能在海上。

一般来说,航海家都是航行到某处,历经千难万险发现了什么东西,比如哥伦布、麦哲伦。但是在恩里克王子一生中,除了葡萄牙本土以外,只去过北非的几个据点。如果仅仅从他的航海经历来说,他远远称不上是航海家。

可是为什么又说他是一位名副其实的航海家呢?因为他让更多的人成为航海家。

实现自己的"大思想"

葡萄牙独立800多年来,其疆界基本

▲ [恩里克王子雕像]

海洋探险人物

海洋探险人物 | 45

图说海洋

影响历史的海洋人物

▲ [马德拉群岛殖民时期建筑]

马德拉群岛的丰沙尔大教堂坐落在海港附近，是这座城市为数不多的留存至今的殖民时代建筑，几乎完好无损地保留了历史原貌。

上没多大变化。看一下世界地图就清楚了，葡萄牙的北面和东面是西班牙，西面和南面是大西洋。当时，西班牙为了光复国土正与摩尔人打仗，葡萄牙的陆地没有出口。要想走出去实现自己的"大思想"，征服西面和南面的大西洋是恩里克唯一的选择。

1415年，年仅21岁的恩里克王子率葡萄牙舰队偷袭休达，仅用一天时间，就占领了这座北非重要的贸易港口城市。休达之战让他一战成名，之后他被任命为阿加维省的总督。

1417年，恩里克依靠自己王子的身份筹集到大量资金，在阿加维省的一个名叫萨格里什的荒凉渔村创办了世界上第一所专业航海学校，他招募航海人才，系统研究航海技术，规划葡萄牙的航海蓝图。

资助并指导了6次远航

在此期间他共资助并指导了6次远航。

▲ [钱币上的恩里克王子]

46 | 海洋探险人物

▶ [殷皇子大马路]

殷皇子大马路（殷皇子即唐·恩里克）在澳门半岛南部，西北端由南湾大马路起，东南端至南湾广场。长 350 米。实际上是新马路的延伸。

第一次是 1418 年，为葡萄牙发现了马德拉群岛；

第二次是 1432 年，为葡萄牙发现了亚速尔群岛。中世纪，欧洲人已经知道这两个群岛的存在，这两次航行正式把它们划归葡萄牙名下；

第三次发生在 1434 年。他资助航海家吉尔·埃阿尼什穿越博哈多尔角，宣告了葡萄牙对非洲大陆探险开拓的全面开始；

第四次是 1443 年，发现了拉斯努瓦迪布半岛（西撒哈拉和毛里塔尼亚共管）的布兰卡角；

第五次是 1445 年，发现了塞内加尔；

第六次是 1460 年，发现了佛得角群岛。

被尊称为"航海家恩里克"

1460 年，恩里克去世了。在萨格里什，他为葡萄牙的航海探索和领土扩张忙碌了 45 年。他没结过婚，也没孩子，他毕生都在忙碌航海事业，却从未亲自出海远航（到休达的近海航行除外）。但他去世的那一年，葡萄牙船队沿非洲西海岸向南探险的距离已经达到了 4000 千米。

历史学家一般认为，葡萄牙的航海事业离不开恩里克，欧洲航海的所有伟大发现都是从恩里克开始的。所以，恩里克被普遍尊称为"航海家恩里克"。

在葡萄牙，恩里克被视为民族英雄。在全国各地，葡萄牙人以各种方式纪念他，有的用他的名字命名街道，有的将他的头像印在邮票和明信片上，有的则铸造各种各样的雕塑。即使在今天的澳门，仍然保留着用他的名字命名的"殷皇子大马路"。

《大国崛起》的一段解说词是这样描述恩里克王子的："我们无从知道，看起来面容古板的恩里克王子是因为具有雄才大略而包容，还是因为包容而具有了雄才大略。意大利人、阿拉伯人、犹太人、摩尔人，不同种族甚至不同信仰的专家、学者，聚集在他的麾下。他们改进了中国的指南针，把只配备一幅四角风帆的传统欧洲海船，改造成配备两幅或三幅大三角帆的多桅快速帆船，正是这些 20 多米长、60 ~ 80 吨重的三角帆船最终成就了葡萄牙探险者的雄心；他们还成立了一个由数学家组成的委员会，把数学、天文学的理论应用在航海上，使航海成为一门真正意义上的科学。"

海洋探险人物

图说海洋 影响历史的海洋人物

被称为海上魔鬼的探险家
查尔斯·威尔克斯

查尔斯·威尔克斯（1798—1877年），美国探险家、海军军官，生于纽约市。在1838—1842年期间曾指挥一支政府探险远征队，带领一组科学家环绕地球航行，于1840年发现南极大陆。

威尔克斯于1838—1842年，率领一支探险队前往南半球考察鲸类资源和搜寻南磁极，是当时观察到南极大陆海岸线最长的一位探险家，为首次证明南极洲是一块大陆提供了重要的证据，后人就把这片南极大陆命名为威尔克斯地，在该地建立的站就叫威尔克斯站。

最先尝试描绘南极大陆的也是查尔斯·威尔克斯，1839—1843年期间，他对南极海域进行了多次探险。1841年初，威尔克斯勘察了位于今天的东经160°到100°之间（澳大利亚正南方）2414千米的南极海岸线，并绘出了这一地区的海岸线图。威尔克斯不仅确定了海岸线的长度，还确认了南极存在陆地的事实。这是第一次使用"南极大陆"称谓的南极地图。

遗憾的是，威尔克斯发现南极大陆的事实长期受到质疑，直到20世纪40—50年代，美国和澳大利亚等国科学家先后到达南极上空进行航空勘测后，威尔克斯南极大陆地图才最终得到了它应有的荣誉，这一新闻也曾登上《纽约时报》头条。

▲ [威尔克斯地]

英国人说是英国船长詹姆斯·库克于1774年1月把船驶到了南纬71°10′海域。

俄国人说是俄罗斯航海家别林斯高晋率领的探险队1820年1月16日发现了南极大陆。

挪威人说挪威海员博尔赫格列文于1895年登上罗斯海入口处的岬角。

从19世纪20年代起，到20世纪40年代，各国探险家相继发现了南极大陆的不同区域。

一般来说是法国的杜蒙·杜维尔在1840年1月18日发现南极大陆，美国海军上尉查尔斯·威尔克斯于晚一日发现南极大陆。但由于有"日界线"的关系，颇有争议。

南极的很多地名或站名，大多是以早期探险家或对南极有重要贡献的人的名字命名的。

老威尔克斯站应该说是凯西站的前身，是美国于1959年建立的，1969年移交澳大利亚，并改名为凯西站。

凯西是澳大利亚第十六任总督，由于在任期间对南极考察特别支持，所以就以他的名字命名为凯西站。

第一个成功横渡英吉利海峡的女性
弗洛伦丝·查德威克

弗洛伦丝·查德威克1916年生于美国加利福尼亚州，1950年，34岁的查德威克成为第一个成功横渡英吉利海峡的女性。两年后，她从卡德林那岛出发游向加利福尼亚海滩，再创了一项前无古人的纪录。

弗洛伦丝·查德威克因成为历史上第一个成功横渡英吉利海峡的女性而闻名于世。此壮举是光荣而伟大的，开创了女人征战海洋的先河。

1952年，她从卡德林那岛出发游向加利福尼亚海湾，想再创一项前无古人的纪录。

那天海面上浓雾弥漫，查德威克的视觉受到干扰。而且海水冰冷、刺骨，在海水里游了16小时的她已经筋疲力尽。当船上的人鼓励她"咬咬牙，再坚持一下，只剩一英里远了"时，她说："别骗我，如果只剩下一英里，我就应该能看到海岸，快把我拖上去！"弗洛伦丝·查德威克最终选择了放弃。船上的人看见这种情况之后，便把浑身瑟瑟发抖的查德威克拖上了小艇。

查德威克披着大毛毯，瘫坐在小艇上，随着船缓缓前进，褐色的加利福尼亚海岸线从浓雾中显现出来，她隐隐约约地看到海滩上等待欢呼她的人群。到此时她才知道，艇上的人并没有骗她，她距成功确确实实只有一英里！她仰天长叹，因为没有坚持最后一英里而悔恨不已。

弗洛伦丝·查德威克并没有放弃。过了两个月，她又一次重游加利福尼亚海湾，游到最后她不停地对自己说离彼岸越来越近了，一定能打破纪录，这一次她成功了。

> 英吉利海峡（English Channel），又名拉芒什海峡。是分隔英国与欧洲大陆的法国，并连接大西洋与北海的海峡。海峡长560千米（350英里），宽240千米（150英里），最狭窄处又称多佛尔海峡，仅宽34千米（21英里）。英国的多佛尔与法国的加来隔海峡相望。

▲ [没有坚持最后一英里而悔恨不已的查德威克]

> 2003年查德威克在美国新泽西州的一个疗养院里去世，享年87岁。

海洋探险人物

图说海洋 影响历史的海洋人物

北冰洋航道的开拓者
诺登舍尔德

诺登舍尔德（1832—1901年），瑞典地质学家、矿物学家、地理学家和探险家。生于芬兰首都赫尔辛基。1878年他开始环绕欧亚大陆航行，成为北冰洋东北航道的开拓者。

为了做好北冰洋航线探险的准备工作，诺登舍尔德从1858—1876年先后对斯匹次卑尔根群岛、格陵兰岛、喀拉海等做了8次探险考察，取得了丰富的北极地区科考资料。

1878年，诺登舍尔德从瑞典的哥德堡出发，率领着两艘轮船（"维加"号和"莉娜"号），准备开拓一条"东北航道"。他从欧洲的巴伦支海和俄罗斯开到白令海峡，最后到达太平洋，一年后又到达横滨。

1879年9月，他率领的"维加"号第一次通过大西洋和太平洋的东北部，完成了环绕欧亚大陆的历史性航行，成为北冰洋东北航道的开拓者。诺登舍尔德回国后被封为男爵。1883年，他成为第一个穿越格陵兰岛东南海岸巨大海上冰障的人。

世界各地有多处地方以他的名字命名。在今俄罗斯喀拉海东南有诺登舍尔德群岛；在新地岛的西北部有诺登舍尔德湾、诺登舍尔德角；在北美洲加拿大有诺登舍尔德河；在北欧挪威有诺登舍尔德半岛；在北冰洋海底有诺登舍尔德海盆；北冰洋的拉普捷夫海曾一度被称为诺登舍尔德海。

▲ [诺登舍尔德]

▲ [芬兰2007年诺登舍尔德纪念银币]
2007年芬兰发行的纪念诺登舍尔德开通东北航道130周年的银币。

世界上第一个到达北极的探险家
罗伯特·皮尔里

1909年3月1日罗伯特·皮尔里和他最信赖的伙伴马瑟·汉森率领考察队前往北极。途中，他们铲除了15米高的冰峰，忍受着极其寒冷的天气，遭遇过漫天无际的大雾，最终于4月6日到达北极点，标志着北极最后的制高点被人类征服，也宣告了北极地理发现时代的结束。

▲ [罗伯特·皮尔里]
此照片是罗伯特·皮尔里在远征北极的途中拍摄的。

罗伯特·皮尔里（1856—1920年），美国探险家，是人类历史上第一位登上北极点的人。

1902年，罗伯特·皮尔里开始向北极进发。他在北纬80°的地方建立了几座仓库，为未来的北极探险减少负载。第一次尝试时，因为不能穿过冰冻的北冰洋而返回。这次探险让他适应了北极恶劣的环境，为以后的成功创造了条件。

1905—1906年，他的第二次探险又没有达到目的，探险队只是比上一次更加接近北极大陆。

1908年7月，皮尔里乘坐"罗斯福"号轮船从美国出发，开始了他的又一次探险。他的队伍向格陵兰岛进发，下船在陆地上走了145千米后，离开埃尔斯米尔岛的哥伦比亚角，于1909年3月1日 奔向北极。

皮尔里在黑人助手马瑟·汉森的陪伴下，经过36天艰苦旅行，于4月6日

为了验证这位美国探险家的壮举，以英国探险家汤姆·埃弗里为首的5人探险队于2005年3月20日再次出发，沿着当年皮尔里的路线，使用相同的装备，于4月26日到达北极点，历时37天。

抵达北极，终于实现了占据他脑海近10年的目标。

在开始出发时，探险队中包括17名因纽特人、19个雪橇和133条狗。而当到达最终目的地时，陪伴皮尔里和汉森的只有40条狗和4个因纽特人了。

他们在这里插上了美国国旗，国旗的一角上写着："1909年4月6日，抵达北纬90°。皮尔里"。

皮尔里的北极探险以无可辩驳的事实证明了从格陵兰岛到北极不存在任何陆地，都是一片坚冰覆盖的大洋。越是接近极点，极地气象和气候特征越明显。此地可零距离接触北极群岛，邂逅北极熊，观海象、鲸等极地动物。

海洋探险人物

世界上潜得最深的女人
西尔维娅·厄尔

西尔维娅·厄尔1935年8月30日出生于美国新泽西州的吉布斯敦,是世界上潜得最深的女人,有"深海女王"之称。

西尔维娅·厄尔是美国国家海洋与大气管理局(NOAA)首位女性首席科学家,"谷歌地球"海洋板块咨询委员会主席,"蓝色任务"基金会和"西尔维娅·厄尔联盟"的创始人,轻装潜水女子个人深潜世界纪录保持者。

两项女子深潜世界纪录,至今无人能破

厄尔曾在1979年穿硬式潜水服下潜381米;1986年她驾驶单人潜水器下潜1000米,分别创下两项女子深潜世界纪录,至今无人能破。同时,厄尔也是待在海里时间最长的潜水员,拥有超过7000小时的潜水纪录。她每个月至少潜水一次,并期待在不久的将来,乘坐自己公司制造的深海潜水器"深寻"下潜至海洋最深处——马里亚纳海沟。

从来不为破纪录而潜水

2012年,好莱坞导演卡梅隆成功下潜到10 898米,成为单独下潜马里亚纳海沟的史上第一人。厄尔为这位多年好

▲ ["深海女王"西尔维娅·厄尔]

当有人向西尔维娅·厄尔求证喜欢的颜色时,厄尔说:"我确实喜欢蓝色,我还喜欢黑色,因为黑色让我想到:世界上很大一部分生物都是生活在黑暗中的。深海潜水有时就像在星际遨游,看似一片黑暗中总有生命在闪光,表面的黑暗蕴藏着希望。海底生物在黑暗中依靠其他的感觉器官生活,我在潜水时会随身携带照明设备,但我通常会选择关掉照明,让自己感觉更像生活在海底的生物,在一片漆黑的海底想象海底生物是如何生活的。"

▲ [西尔维娅·厄尔]

友感到高兴。"我从来不为破纪录而潜水，但一旦有新型潜水设备诞生，我总是乐于成为第一个试用者。"作为世界上潜得最深的女人，厄尔却说自己从来不为创造纪录而深潜，她的潜水驱动力始终是科研，或者说是一颗探索海洋的初心。她有科学家的理性和冷静，也有对海洋的无限深情，呼吁人类爱护覆盖了地球表面71%的海洋。

"只要我还能呼吸，我就会潜水。"

西尔维娅·厄尔的一生已经谱写了太多传奇，她被《纽约客》和《纽约时报》称为"深海女王"，美国国会图书馆称她为"活着的传奇"，《时代》杂志称她为"地球英雄"。她所服务的机构包括阿斯彭人文研究所、伍兹霍尔海洋研究所、国家海洋保护区基金会、美国自然保护基金会、美国河流协会、海洋保育协会、德莱赛工业公司、奥瑞克斯能源公司等。西尔维娅·厄尔获得过100多项国家级和国际级荣誉，其中包括20多个荣誉博士称号、皇家地理学会颁发的2011年"赞助人奖章"，以及2009年的TED奖。

法国海底万年壁画发现者
亨利·科斯克

图说海洋 影响历史的海洋人物

1985年，洞穴业余探险者亨利·科斯克为了探索沉睡在苏尔密乌海湾的古代沉船的遗物，专门购买了一艘长14米的拖网渔船"克努马农"号，开始了他的水下探险活动。

水深36米处发现隧道洞口

一个偶然的机会，亨利·科斯克在水深36米处的岸壁上发现了隧道口。因为当时随身携带的照明灯熄灭了，加上海水浑浊，他准备得也不够充分，所以暂时中断探索。

1990年，科斯克又找到了那个隧道口，并特邀了卡西斯潜水俱乐部的6个伙伴组成水下探险队。他们进入了隧道，借助手电的光束，艰难地通过了长约200米的水下隧道。

隧道的尽头在一个高出海平面4米、直径约50米的大洞穴里，里面有千姿百态的钟乳石；在灯光的照耀下，石壁上的3个大手印清晰可见，还有6匹野马、2头野牛、1只鹿、两只鸟、1只山羊和1只猫，形象栩栩如生，可谓艺术珍品，简直把人们带进了一个神秘的殿堂。

史前杰作

1991年9月1日，在苏尔密乌海湾有3名业余水下探险者失踪。科斯克参加了寻觅失踪者的行动，并在这个神秘的洞穴中找到了3位失踪者的尸体。

▲ [洞壁上3个大手印]

人们疑惑不解，1万多年前，古代艺术家是怎样潜入这个海底洞穴的？洞穴壁画为何奇迹般地完好如初？有的考古学家解释说，那时正处于冰河时代末期，地中海海平面比今天要低100米以上，苏尔密乌海湾水下隧道无疑是处于海平面之上，人们可以很容易地从悬崖下的隧道口进入洞穴。后来冰河时代结束，海水上涨，海水将隧道淹没，洞穴被密封起来，洞穴内的壁画得以保护，避免了风化和破坏，直到今天。

为了防止更多人遇难，科斯克决定将海底洞穴壁画的秘密公之于世。9月3日，他向马赛海洋考古研究所报告了这一发现，并要求采取措施保护这些壁画。

科斯克和史前考古学家让·古尔坦带领的水下探险队潜入海底洞穴进行考古。据古尔坦分析，石壁上的手印可能是史前艺术家在动物脂肪里混入有色矿石粉末制成油彩，然后将手贴于石壁上，用空心兽骨将油彩吹喷到石壁上，创造了这一杰作。

格陵兰岛的发现者
埃里克·瑟瓦尔德森

格陵兰岛，有一个好听的英文名字叫 GreenLand，即"绿色之地"的意思，这个名字是当初发现格陵兰岛的埃里克为了让其听起来更有吸引力而取的。

埃里克·瑟瓦尔德森出生于挪威罗加兰，又称红胡子埃里克、红毛埃里克等。970年左右，埃里克一家逃往外地，据说是因为他父亲犯了谋杀罪，父子俩来到了冰岛，在那过了几年平静日子之后，埃里克因为杀人被驱逐出境。

在走投无路的情况下，他只得变卖了所有家当，带着一家老小再次逃亡海上。这次他们发现了一块新的陆地。这块陆地地处北冰洋和大西洋之间，全岛面积为217.56万平方千米，海岸线全长35 000多千米，是世界上最大的岛屿。他在那里住了三年，对周围的环境进行了调查，觉得这是一块很好的土地，每到夏天青草泛绿，灌木茂盛，鲜花飘香，野果累累，很适合放牧，于是他决定回冰岛招募移民。他为这个地方起了一个充满欺骗性的名字"Greenland"，意思就是"绿色之地"。

埃里克回到冰岛后，赞颂这片"绿色之地"的神奇土地，使许多维京人决定前往。986年，埃里克成功地招募了500人，他们乘坐25艘满载牲畜和生活必需品的船只向格陵兰岛进发，最后只有15艘船到达目的地，而其余10艘则被风暴吞噬。格陵兰岛有200多万平方千米的土地，但只有15%没有被冰层覆盖，并不怎么适合生存。而且岛上铁矿稀缺，木材不足，使这些维京人很快陷入困境，但他们还是依旧顽强地定居了下来。

就这样，格陵兰岛成为世界上唯一一座被罪犯发现并命名的岛屿。

▲ [埃里克的木版画]

海洋探险人物

海洋军事人物

Marine Military Figures

抢夺色雷斯沿海和通往黑海的控制权
莱山德

莱山德是古希腊斯巴达海军统帅，出生在斯巴达一个没落的贵族家庭。青少年时代的莱山德家境贫寒，但雄心勃勃，总想出人头地。

> 提洛同盟：公元前478年，雅典组织中希腊、爱琴诸岛和小亚细亚的一些城邦形成新的同盟，同盟金库设在提洛岛，故名"提洛同盟"。它的目的原是对付波斯联合作战，后成为雅典称霸工具，又称"雅典海上同盟"。公元前454年，同盟金库迁到雅典。公元前404年，由于在伯罗奔尼撒战争中战败，雅典被迫解散提洛同盟。

> 伯罗奔尼撒同盟：是古代希腊以斯巴达为首的伯罗奔尼撒半岛大部分城邦组成的军事同盟，当时称为"拉凯达伊蒙人及其同盟者"。

▲ [陶罐上的斯巴达勇士]

▲ [斯巴达勇士头盔]

▲ [被战火毁坏的雅典建筑]

希波战争结束后，以雅典为首的提洛同盟和以斯巴达为首的伯罗奔尼撒同盟在经济和政治等方面的矛盾日益尖锐，从而导致了伯罗奔尼撒战争的爆发。

莱山德受命海军统帅一职

莱山德登上海军统帅宝座之前，伯罗奔尼撒战局已几度变化。曾一败涂地、遭到孤立的雅典，通过顽强努力，再次建起一支拥有150艘战舰的强大海军，并在公元前411年的赛诺西马战役和阿卑多斯战役和次年的塞西卡斯战役中大败斯巴达海军，赢得了色雷斯沿海和通往黑海的控制权。

莱山德于斯巴达海军兵败之后受命海军统帅一职，深深懂得只有建设强大的海军，才能彻底打败雅典。于是，他利用波斯人希望斯巴达与雅典两败俱伤的心理，从波斯小亚细亚总督小居鲁士

海洋军事人物 | 57

王子那里获得了一大笔资金，用来建造了 100 多艘三层桨战舰。

突袭成功后提高了莱山德的威望

公元前 406 年 3 月，他乘亚西比德率雅典大部分船只外出收集给养之际，率领舰队星夜突袭驻泊在诺提乌姆海角的雅典海军。这次突袭使亚西比德再次失去了在雅典的领导权，这是几年来伯罗奔尼撒同盟的首次告捷，不仅提高了莱山德的威望，鼓舞了斯巴达盟邦，而且导致了以雅典为主的提洛同盟的解体。

莱山德再掌海军指挥权，大败雅典海军

诺提乌姆角海战后不久，莱山德被召回国，由卡利克拉提达斯接替海军统帅职务。但几个月后，在阿吉纽斯群岛附近的海战中，斯巴达舰队又惨败在雅典人手中，损失惨重，卡利克拉提拉斯阵亡。阿吉纽斯战役的惨败，使莱山德再次掌握海军的全部指挥权。

公元前 405 年夏末，莱山德率领舰队，在陆军配合下，突然从海上包围并攻占了拉姆普萨卡城。

同时在随后的羊河口战役中，在很短时间内就击败了雅典新任海军统帅科农率领的 170 多艘战舰和 3000 多名官兵，只有科农率领 9 艘战舰夺路逃脱。

称雄几十年的雅典海军终于覆灭了。有人称颂这场海战说："1 小时战斗便结束了两国之间长达几十年的战争。"

▲ [伯罗奔尼撒半岛与希腊大陆分割开]
古罗马暴君尼禄开凿的这条世界上最深的科林斯运河将伯罗奔尼撒半岛与希腊大陆分割开，它连通着爱奥尼亚海后与爱琴海连接。

羊河口战役后，莱山德逐个消灭了雅典的盟友，继而又从海陆两面包围雅典城，迫使雅典于公元前 404 年 4 月投降。在莱山德扶持下建立了三十人僭主集团，结束了雅典的民主政体。

莱山德带领斯巴达海军战胜了雅典海军，使得色雷斯沿海和通往黑海的控制权落入了伯罗奔尼撒同盟手中，在结束伯罗奔尼撒战争中成为举足轻重的人物。

公元前 399 年莱山德拥立已故国王阿吉斯之弟阿格西劳为王，并随其赴小亚细亚与波斯作战。公元前 395 年科林斯战争爆发后，随国王入侵维奥蒂亚，在哈利阿图斯遭到底比斯人突袭，莱山德兵败阵亡。

南北驱驰报主情，江花边月笑平生
戚继光

戚继光（1528—1588年），字元敬，号南塘，晚号孟诸，谥武毅。山东蓬莱人（生于山东济宁微山县鲁桥镇），明朝抗倭名将，杰出的军事家、书法家、诗人、民族英雄。

戚继光在东南沿海抗击倭寇十余年，扫平了肆虐沿海多年的倭患，确保了沿海人民的生命财产安全；后又在北方抗击蒙古部族内犯十余年，保卫了北部疆域的安全，促进了蒙汉民族的和平发展，写下了十八卷本《纪效新书》和十四卷本《练兵实纪》等著名兵书，还有《止止堂集》及在各个不同历史时期呈报朝廷的奏疏和修议。

金山岭长城的"三绝"

戚继光在修建金山岭长城过程中，依据"因地制宜，用险制塞"的建筑思想，山势低矮处，加高城墙；山势高峻处，修建敌楼，个别地方加修了障墙、支墙、挡马墙，全部为砖石结构或砖石木结构，使这段长城设施完备、构筑牢固、布局严谨、可攻可守。经专家鉴定，金山岭长城是我国万里长城的精华之所在。障

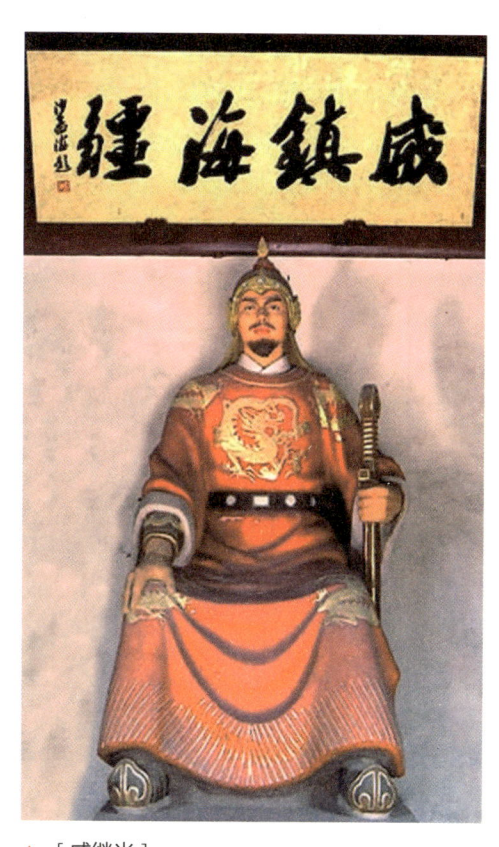

▲［戚继光］

◀［戚继光苦心研发的虎尊炮］
戚继光苦心研发的虎尊炮，集合了同时代东西方管型武器的各种优点，堪称16世纪领先全球的新型杀器。

海洋军事人物

▶ [戚继光发明的五雷神机]
用于防御蒙古军队，有三眼、五眼、七眼之分，一般使用时两人一组射击，一人支架，转动枪管，一人瞄准射击。

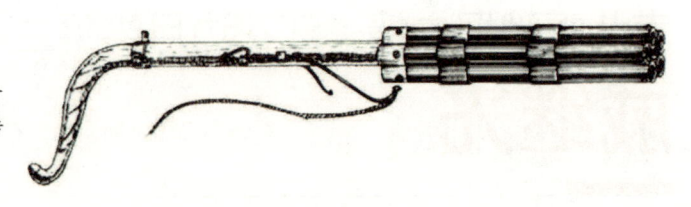

墙、文字砖、挡马墙，被誉为金山岭长城的"三绝"。

戚继光是兵器专家和军事工程家

戚继光是一位杰出的兵器专家和军事工程家，他改造、发明了各种火攻武器；他建造的大小战船、战车，使明军水陆装备优于敌人；他富有创造性地在长城上修建空心敌台，进可攻退可守，是极具特色的军事工程。

戚继光抗倭寇有功

1557年，倭寇进犯乐清、瑞安、临海等地，戚继光与俞大猷两军会合，前往围攻，驻守在岑港的倭寇抵御不住戚继光与俞大猷的进攻，余党向闽南逃窜。戚继光因抗倭寇有功，奉命守卫守台、金、严三郡。

▶ [戚家刀]
据说这种刀为戚继光所创，它的刀形很像日本刀，是戚继光在抗倭战斗中根据日本刀的特点设计出来的，专门克制倭寇。

▲ [戚继光改造的石炮]

[戚继光故里]

戚继光故里坐落在原登州府中心地带，北边靠近府署衙门，南面是府学，东面有鼓楼和基督教堂，西边有马神庙和关帝庙。如今除了东边的鼓楼和基督教堂外，其他古建筑都已经不存在了。戚继光故里的总面积为1.9万平方米，包括戚家牌坊、戚继光兵器馆、戚府、戚家祠堂等。

戚家军名闻天下

戚继光初到山东备战倭寇时，发现明军将骄兵惰、纪律松弛、兵不习战，跟熟练使用倭刀、重箭的倭寇相比，战斗力实在太弱。于是戚继光到金华、义乌等地招募了3000名农民，并亲自训练他们，将其练成一支精锐的部队，后称"戚家军"。戚继光根据南方多沼泽的地理特点制定阵法，又给他的部队配备火器、兵械、战舰等装备，戚家军因此名闻天下。

1562年，倭寇进犯福建，并联合福宁、连江等地的倭寇，先后攻陷寿宁、政和、宁德等地，从广东南澳方面侵略的倭寇联合福清、长乐的倭寇攻陷玄钟所，并进犯龙岩、松溪、大田、古田、莆田等地。

倭寇声势浩大，当地官军不敢进攻，

图说海洋 影响历史的海洋人物

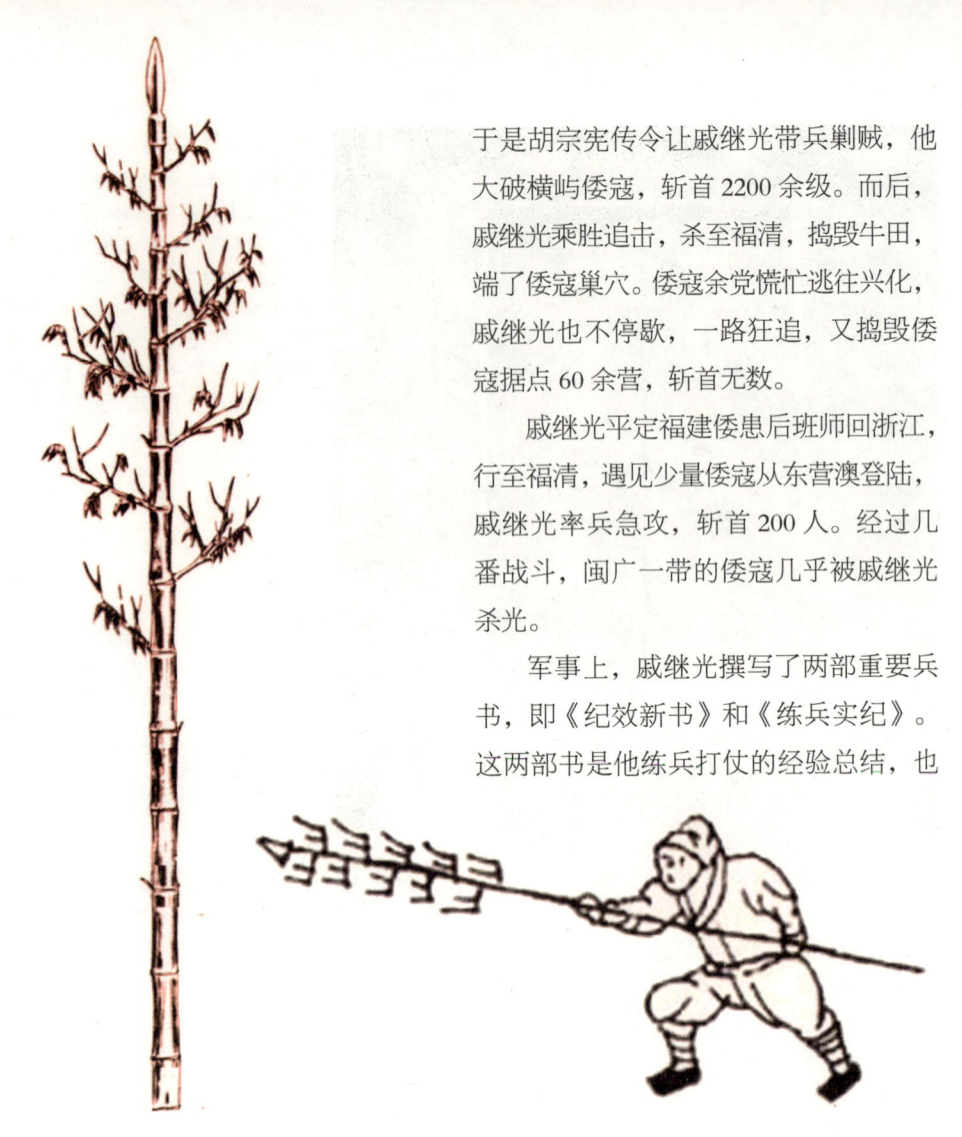

于是胡宗宪传令让戚继光带兵剿贼,他大破横屿倭寇,斩首2200余级。而后,戚继光乘胜追击,杀至福清,捣毁牛田,端了倭寇巢穴。倭寇余党慌忙逃往兴化,戚继光也不停歇,一路狂追,又捣毁倭寇据点60余营,斩首无数。

戚继光平定福建倭患后班师回浙江,行至福清,遇见少量倭寇从东营澳登陆,戚继光率兵急攻,斩首200人。经过几番战斗,闽广一带的倭寇几乎被戚继光杀光。

军事上,戚继光撰写了两部重要兵书,即《纪效新书》和《练兵实纪》。这两部书是他练兵打仗的经验总结,也

▲ [冷兵器的翘楚——狼筅]

戚继光弄来了一件秘密武器——狼筅,还特意画了图谱,让将士每天训练,之后成为对抗日本倭刀的重要力量。

此兵器是戚继光专门针对倭刀制造的独门兵器,亦称作狼牙筅。原是明朝矿工起义军发明,后为戚继光抵抗倭寇时所操练"鸳鸯阵"的武器配置之一。械首尖锐如枪头,械端有数层多刃形附枝,呈节密枝坚状。伪装性极强,适合在隐蔽地带埋伏时使用,枪杆极长,通常与盾牌配合,从远处杀伤倭寇。在鸳鸯阵中威力极大。在狼筅面前,倭刀中的打刀基本报废,毫无威力可言,如果不逃就只能等着挨宰。逃了又没脸见人,许多倭寇绝望之下只能用胁差切腹。

▲ [手持狼筅的士兵]

是他训练军队的教本,在军事学上有很高的地位,被收录在《四库全书》中,占军事著作的十分之一。

1582年,内阁首辅张居正病逝,给事中张鼎思趁机上言戚继光不应该放在北方,于是戚继光被朝廷调往广东。

1585年,给事中张希皋再次弹劾戚继光,戚继光因此遭到罢免,回乡后病死。

从木壳船到铁甲船的推动者
左宗棠

左宗棠（1812—1885 年），字季高，一字朴存，号湘上农人，署名今亮，谥文襄，湖南湘阴人，清朝大臣，著名湘军将领，同样也是洋务派首领。

长沙府试，取中第二名

左宗棠生性颖悟，少负大志。5 岁时，他随父到省城长沙读书。道光七年（1827 年）应长沙府试，取中第二名。他不仅攻读儒家经典，还钻研经世致用之学，特别是将那些涉及中国历史、地理、军事、经济、水利等内容的名著视为至宝，这对他后来带兵打仗、施政理财起了很大的作用。

乡试因"搜遗"中第

左宗棠学习刻苦，成绩优异。道光十二年（1832 年），他参加在省城长沙举行的乡试，因"搜遗"中第，但此后的 6 年中，他 3 次赴京会试，均不及第。科场失意，使左宗棠不能沿着"正途"进入社会上层，进而实现他的志向。但左宗棠的才干，得到了当时许多名流显宦的赏识和推崇。早在道光十年（1830 年），年仅 18 岁的左宗棠拜访长沙著名务实派官员和经世致用学者贺长龄时，贺长龄即"以国士见待"。赫赫有名的封疆大吏陶澍也以一代名臣之尊主动提议将他唯一的儿子与左宗棠的长女订婚。

▲ [左宗棠塑像]

左宗棠一生亲历了湘军平定太平天国运动、洋务运动、率军平定陕甘回变和收复新疆等重要中国历史事件。官至东阁大学士、军机大臣，封二等恪靖侯。中法战争时，自请赴福建督师，光绪十一年（1885 年）在福州病逝，享年 73 岁。追赠太傅，谥号"文襄"，并入祀昭忠祠、贤良祠。

林则徐对左宗棠也十分器重

名满天下的林则徐对左宗棠也十分器重，两人曾在长沙彻夜长谈，对治理国家的根本大计，特别是关于西北军政的见解不谋而合。林则徐认定将来"西定新疆，舍左君莫属"，特地将自己在新疆整理的宝贵资料全部交付给左宗棠。后来，林则徐还多次与人谈起这次会见，极口称赞左宗棠是"非凡之才""绝世奇才"，临终前还命次子代写遗书，一再推荐左宗棠人才难得。

大办福建船政

1852年，在太平天国大军围攻长沙时，左宗棠应湖南巡抚张亮基之聘出山，正式出仕，并力保长沙城不失，他一生的功名也从此开始。之后，左宗棠在仕途上顺风顺水，他大器晚成，成为清朝的重要大臣，在朝堂上屡次发表自己的看法，之后，领衔平定太平天国运动，随后开展洋务运动，大办福建船政。

晚清时期，洋务运动在中国兴起，闽浙总督左宗棠奏准在马尾兴办船政，

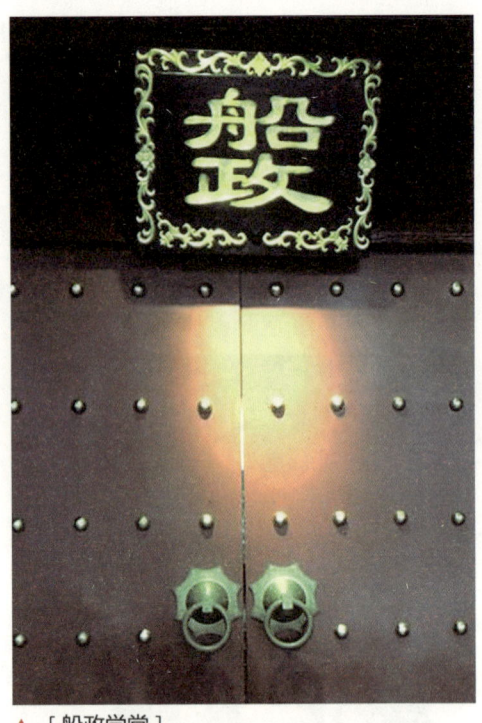

▲ [船政学堂]

船政学堂是中国近代最早的军事学校。船政学堂培育了严复、邓世昌、詹天佑等一大批英才，中国近代海军五分之三的军官均出自马尾。

原江西总督沈葆桢为首任船政大臣。左宗棠认识到以蒸汽机为动力的轮船产生，是世界近代科技一大成果，并设厂造船以求发展，在办厂的同时，还创办了船政学堂。当时各省纷纷效仿开设机器局、

◀ [历史老照片]

左宗棠创办的船政制造的铁甲战船。"福星"（右）"福胜"（左）。"福星"在马江海战中被法国炮弹击中后沉没，"福胜"号欲前往营救也不幸被击沉，全部官兵皆阵亡。

▲ ["万年清"号]

中国第一艘千吨级轮船"万年清"号、中国第一艘钢质军舰"平远"号、中国第一架水上飞机、中国近代第一支军舰队均出于马尾（船政）。

1885年10月，马江惨败一年后，清廷成立"总理海军事务衙门"，管理全国海军事务，加快北洋海军建设步伐。到1888年北洋水师正式成立，清政府拥有了一支亚洲一流的近代化海军舰队。

造船厂，进口外国机器，雇请洋人制造。而福建船政局的创办方案，就明确提出必须通过制造轮船以培养中国自己的造船与驾驶人才。

"制器""造船"是晚清海军近代化努力中最为重要也最见成效的一环。起初，这种器物层面的努力似乎收到了较为明显的成效，然而，由于工业基础薄弱、科学素质低下、外部环境扼杀等因素，洋务派的"制器"始终难以形成自主创新能力，陷入了"落后—挨打—模仿—追赶—落后"的恶性循环。

晚清时期，在恭亲王奕䜣、地方督抚李鸿章、左宗棠等人的推动下，一场开启中国军事近代化进程的变革性运动拉开了序幕。这场名为洋务运动的改革主张"师夷长技以制夷"，以效仿西方富国强兵为出发点，在"练兵、制器、造船、另立海军"等方面进行了一系列军事改革，促使晚清的国防建设迈出了向近代化进军的第一步。

日军不得不议和撤退

1874年，日本借口"牡丹社事件"，拥3600兵力在兵舰护卫下强侵我国台湾。此时福建船政建设初见成效。沈葆桢临危受命，率领由马尾船厂自造舰船和船政学堂培养的海军将士组建的福建水师前往驱敌。战斗中，福建水师舰队显示出压倒性的实力优势，使日军不得不议和撤退。

▲ [马江沿岸炮台]

海洋军事人物

马江惨败

1883 年，清廷就越南问题与法国爆发武装冲突，后双方签订《中法会议简明条款》，但法国侵略者决定从海上进攻，逼迫清廷进一步就范。1884 年 7 月，法将孤拔率领法远东舰队窜犯至福州马尾附近海域。此时的闽江口至马江沿岸，经多年经营，形势险峻、炮台林立，并有部分克房伯大炮，依托福建水师兵力和当地军民支持，本可拒敌于马江口。但清廷因恐影响中法"和议"和列强"调解"，放任法舰自由驶入马江，与福建水师相邻而泊。上层决策的昏庸与前敌指挥的软弱，一步步将福建水师推向了危险的边缘。1884 年 8 月 23 日，马江海战爆发。刹那间，马尾港变成血与火的炼狱。吨位、火力、防护、阵位均占优势的法军近距离猛烈突袭，让还未解缆生火、准备弹药的福建水师各舰几乎成了固定的靶标。短短不到 30 分钟，福建水师 11 艘兵舰以及多艘运输船沉没，官兵殉国 760 人。战斗中，福建水师官兵毫无惧色、力战不退，英雄气概令当时观战的美、德等国军人亦为之动容。然而，福建水师官兵虽浴血奋战，却没能逃脱惨败的结局。福建船政 18 年积累折损殆尽，此后福建水师再不复当年之盛。

马江惨败让东南沿海与台湾海峡制海权落入法国之手。残酷的现实强烈地刺激清朝统治集团进一步反思海防之策，引发清廷内部海防大讨论，形成"以精练海军为第一要务"的共识，并决定优先"精练北洋海军"。

当时的闽浙总督左宗棠爱国意识强烈，当看到西方列强大都跨海入侵，即指出："欲防海之害而收其利，非整水师不可，欲整理水师，非设局监造轮船不可。"

深远影响的船政文化

由左宗棠倡导和创办的福建船政，是 140 年前晚清政府实施洋务政策的重要产物。它不仅肇始了中国近代工业、海军、教育的发展历史，而且开启了中国现代化人才的培养进程。福建船政在中国近代科技、教育、思想、文化发展史上，树起了重要的里程碑。福建船政虽仅存 40 余年，但它却大旗独树，形成中国近代具有开创意义、发挥实际效用并产生深远影响的船政文化。

1884 年 6 月，左宗棠入北京任军机大臣。时值中法战争，法军孤拔于 8 月在马尾海战全歼驻扎在福建马尾的南洋水师，战局对中国不利。9 月，左宗棠奉旨以钦差大臣身份督办闽海军务，挽救战局。

1885 年正月，黑旗军和恪靖定边军先在镇南关得胜，然后以 1000 多人死亡的代价击退法军，夺取了谅山。此事导致法国茹费里内阁垮台。

在这种情况下李鸿章与法国签订了《中法新约》，其中否定了中国对越南的宗主权，改由法国全权管理越南。

左宗棠对李鸿章签订条约完全不能理解，对当时主和的李鸿章作出以下批评："对中国而言，十个法国将军，也比不上一个李鸿章坏事。""李鸿章误尽苍生，将落个千古骂名。"

翰林院侍读学士潘祖荫向咸丰帝的一道奏疏中评价左宗棠说："天下不可一日无湖南，湖南不可一日无左宗棠。"

中日巡洋护卫舰的对决
邓世昌

邓世昌生于1849年10月4日，原名永昌，字正卿，原籍广东番禺县龙导尾乡，清末海军杰出爱国将领、民族英雄。1894年9月17日在黄海海战中壮烈牺牲。

▲ [邓世昌]

▲ [沈葆桢画像]

沈葆桢：林则徐之婿。道光二十七年（1847年）中进士，选庶吉士，授编修，升监察御史。咸丰五年（1855年），沈葆桢出任江西九江知府，第二年，又署广信知府（今上饶市）。太平天国起义时因保全了广信，擢升为广饶九南道道台。咸丰十一年（1861年），曾国藩请他赴安庆大营，委以重任。出任江西巡抚，重用湘军将领王德标、席宝田等镇压太平军，1864年捕杀太平天国幼天王、洪仁玕等。1867年接替左宗棠任福建船政大臣，主办福州船政局。

清同治六年（1867年），沈葆桢出任福州马尾船政大臣，同时开办前学堂制造班和后学堂驾驶管轮班。学堂开始招生，生源主要为福建本地资质聪颖、粗通文字的16岁以下学生，后由于生源不足，招生一直扩展到广东、香港一带，并将年龄要求放宽到20岁以上。邓世昌得知此消息后立刻报了名。

最伶俐的青年

邓世昌在船政学堂攻读五年，自始至终，奋发学习，自强不息，各门功课考核皆列优等。沈葆桢很看重他，称赞他是船政学堂中"最伶俐的青年"之一。清同治十三年（1874年）2月，被船政大臣沈葆桢奖以五品军功，任命为"琛航"运输船大副。船政学堂培养的军官开始指挥军舰，这是中国军事教育史上

海洋军事人物

的一件大事，它开创了院校教育的先河。

光绪元年（1875年）正值日本侵略军窥我国台湾、澎湖、基隆诸隘时，邓世昌任"海东云"炮舰管带，巡守海口，获升千总。

接收清政府向英、德订造的四艘巡洋舰

光绪十三年（1887年）李鸿章奏派邓世昌率队赴英、德两国接收清政府向英、德订造的"致远"舰、"靖远"舰、"经远"舰、"来远"舰四艘巡洋舰。已是第二次出国接舰带船的邓世昌，此时已被大家公认是一个"西学湛深""精于训练"的海军专家。舰艇远航训练是海军官兵的必修课，特别是到深海大洋中去摔打。邓世昌认为，接舰实际上是不可多得的最好的远航训练，所以在接舰回国途

> 据传，邓世昌落水后，所养的爱犬"太阳"亦游至其旁，口衔其臂以救，邓世昌誓与军舰共存亡，毅然按犬首入水，自己亦同沉没于波涛之中。

▲ [邓世昌与"致远"舰军官合影]
第二排左四为邓世昌。

▶ ［"致远"舰］

"致远"舰是清朝北洋水师向英国阿姆斯特朗船厂订购建造的穹甲防护巡洋舰，为"致远"级巡洋舰的首舰。"致远"舰沉没后，清末书画家高邕（亦有资料认为为光绪帝亲书）为邓世昌撰写了著名的挽联"此日漫挥天下泪，有公足壮海军威"。

▶ ［日本"吉野"号］

"吉野"号是一艘快速巡洋舰，是中日甲午海战中的日本海军主力舰，是其联合舰队第1游击队旗舰。甲午海战后，"吉野"号又参加了1900年的八国联军侵华战争和1904年的日俄战争。

海洋军事人物

中，积极组织海军将士认真进行海上训练。

邓世昌是中国最早的一批海军军官中的一个，是清朝北洋舰队中"致远"号的舰长。他有强烈的爱国心，常对士兵们说："人谁无死？但愿我们死得其所，死得值！"

1894年9月17日，日本舰队突然袭击中国舰队，一场海战打响了，这就是黄海大战，战斗中邓世昌指挥的"致远"号作战最英勇，前后火炮一齐开火，连连击中日舰。日舰包围过来后，"致远"号受到重创，最后时刻他下令开足马力向日舰"吉野"号冲过去，要与它同归于尽。

这时，一发炮弹击中"致远"舰的鱼雷发射管，导致"致远"号沉没，邓世昌坠落海中后，其随从以救生圈相救，被他拒绝，并说："我立志杀敌报国，今死于海，义也，何求生为！"与全舰官兵250余人一同壮烈殉国，为甲午战争添上了悲壮的一笔。

图说海洋 影响历史的海洋人物

邓世昌牺牲后举国震动

邓世昌牺牲后举国震动,被赐予"壮节公"谥号,追封"太子少保",入祀京师昭忠祠,光绪帝御笔亲撰祭文、碑文各一篇。清廷赐给邓母一块用1.5千克黄金制成的"教子有方"大匾,拨给邓家白银10万两以示抚恤。邓家用此款在原籍广东番禺为邓世昌修了衣冠冢,建起邓氏宗祠。威海卫百姓感其忠烈,1899年在成山上为邓世昌塑像建祠,以志永久敬仰。

▲ [邓世昌纪念馆]

邓世昌纪念馆位于广州海珠区宝岗大道龙珠直街龙蜒里2号。其前身为"邓氏宗祠",是民族英雄邓世昌的出生地。清光绪二十一年(1895年)邓氏家人用朝廷给予的抚恤银扩建宗祠,占地面积4700平方米。

俄罗斯海军之父
彼得一世

彼得一世（1672—1725年），原名为彼得·阿列克谢耶维奇·罗曼诺夫，后世尊称他为彼得大帝，被认为是俄罗斯最杰出的皇帝。

◀ [彼得大帝青铜骑士雕像和钱币]

这是彼得堡标志性雕塑，当时，雕塑家法尔科内选择的模特是体型酷似彼得大帝的俄国将军。他骑的是一匹来自著名的奥尔洛夫马场的骏马。这位将军为能成为彼得大帝的模特自豪无比，曾上百次地冲上人工堆成的山丘，让骏马飞腾起来，以便法尔科内记住骏马直立的姿态。

夺回权力

彼得一世是沙皇阿列克谢一世之子，1682年与异母兄伊凡并立为沙皇。由于彼得年幼、伊凡痴钝，由伊凡的姐姐索菲亚摄政。彼得在少年时和母亲住在莫斯科郊外的普列奥布拉任斯基村，他酷爱军事游戏，建立了"少年军"，编为普列奥布拉任斯基兵团和谢苗诺夫斯基兵团（后来这支队伍成为俄国的禁卫部队）。

1689年8月，索菲亚策动射击军叛

彼得一世1682年即位，1689年掌握实权发动改革。作为罗曼诺夫王朝仅有的两位"大帝"之一，他在位期间对俄国进行了政治、经济和军事等改革，他推行的欧化改革是俄罗斯变成一个强国的主要因素，被认为是俄罗斯最杰出的皇帝。

彼得大帝统治手腕高超，其身高更是达到2.04米，所以人们习惯性地称他为政治高人！

海洋军事人物

[匪夷所思的胡须税铜牌]

胡须税是彼得大帝改革措施中的一项。征收胡须税的想法是彼得一世第一次游历欧洲时产生的，他认为胡须是无用且多余的装饰，留胡须就得出钱购买留须权。从欧洲回到莫斯科后，彼得一世召见了一些大贵族，他拿起一把大剪刀，一下子剪掉了好几个大贵族的胡须。接着，他颁布了在全俄开征胡须税的命令。留胡须的人在支付了胡须税后，将获得一块特制的铜牌。

彼得大帝征收胡须税的背后还有一个重要原因：北方战争在即，国库空虚。繁重的胡须税可快速充盈国库，为战争提供资源。

乱，企图废掉彼得的沙皇之位，彼得率"少年军"平息了叛乱，并把索菲亚关进了修道院。

彼得一世坐稳皇位后，在政治、经济、文化和军事上全面推行欧化改革，使俄罗斯逐渐成为一个强国。

建立俄国海军

1695年春，彼得一世亲率3万大军对土耳其发动进攻。在亚速堡垒战争中，土耳其军队得到其海上舰队源源不断的支援，使当时还没有海军的俄军陷入困境，最终收兵败退。亚速堡垒之役的失败刺激了彼得一世。他指出："只有陆军的君主是一只手的人，而同时也有海军的君主才是两手俱全的人。"为此他决心建立一支海军。但当时的俄国没有造船工业，更没有这方面的人才。彼得一世只得从大不列颠请来4个海军将军及一些海军军官和技术人员。这年俄国在顿河沿岸建立了第一支舰队——河上"海军"，其装备是约30条帆船、一些运输船及小艇，由瑞士人莱弗特担任舰队司令。

为了发展海军，彼得一世还曾在1697年化装成木匠远赴荷兰学习造船工艺，他也曾到西欧考察、刺探过军情，并与波兰和丹麦结成反对瑞典的联盟，为其向西夺取波罗的海沿岸地区创造了条件。

彼得一世还趁瑞典与波兰交战之机，着手改组陆军、壮大海军。1701年，他

奋不顾身救士兵

1724年的一个秋日，彼得大帝在芬兰湾看见一艘在沙洲上搁浅的船，他担心几个士兵有危险，就奋不顾身跳进冰水中去救他们（圣彼得堡位处北纬60°）。彼得大帝因此受了风寒，入冬以后病情严重起来。但他仍坚持工作，比如：派白令去堪察加探险的命令正是他在这个时候起草并颁布的（后来连接阿拉斯加和俄罗斯之间的水域被命名为白令海峡）。

因那时候的医疗水平十分有限，1725年，彼得大帝病逝于圣彼得堡，享年52岁。他身后留下了从波罗的海到白令海峡，从北冰洋到里海的庞大帝国。

在莫斯科创办了俄国的第一所海军学校。1703年,在拉多加湖畔建立了斯维尔造船厂。同年8月,俄国成立了波罗的海舰队。1705年11月,俄国海军陆战队诞生。

夺得北方出海口

1709年,俄国与瑞典在俄国要塞波尔塔瓦展开了规模空前的激战。彼得一世亲临前线指挥作战,在战斗中他的帽子和马鞍都中了枪弹。此战,俄军击溃了瑞典,瑞典国王查理十二世逃到了土耳其,后来俄军又多次在波罗的海打败瑞典,并从瑞典手中夺得了芬兰湾、里加湾沿海地区,从而解决了北方出海口问题。

海军对俄国的影响

沙俄海军与西班牙的"无敌舰队"、荷兰的"海上马车夫"及强大的大英帝国舰队相比,要晚诞生100多年。但是这支海军一开始就致力于海上扩张,并在以后的200多年中,以其不断壮大的舰队多次击败土耳其和瑞典的海军,夺取了黑海、波罗的海沿岸地区。使俄国从一个原本不临海的内陆小国,变成一个海岸线绵延4万多千米、濒临三大洋的大帝国。

1721年10月,俄国枢密院尊称彼得为"大帝"和"祖国之父",俄国也正式改称"俄罗斯帝国"。

▲ [彼得一世纪念雕像]
彼得一世纪念雕像在基督救世主大教堂对面,展示了一代伟人的风采。

据说彼得大帝的床很窄,所以俄罗斯的床就都很窄。从这个细节,就可以知道彼得大帝无所不在的影响力了。

海洋军事人物

图说海洋 影响历史的海洋人物

成就英国 300 年海上霸业的海盗
约翰·霍金斯

约翰·霍金斯（1532—1595 年），是英国 16 世纪著名的航海家、海盗，维多利亚时代三角贸易的开创者，他对英国海军进行的改革，是英国海军战胜西班牙无敌舰队的重要因素之一。

▲ [约翰·霍金斯]

霍金斯于 1532 年出生在英国德文郡普利茅斯的一个商人水手家庭，他的家族是当时英格兰西部沿海一支声名显赫的海上势力，家族的许多成员都从事海外商业冒险活动。

霍金斯从小就在家族的船上经受航海训练。1554 年父亲死后，他继承父业，开始从事到西班牙和加那利群岛的贸易。通过这些活动，他不仅积累了财富，而且获悉西班牙在西印度的殖民者正急需大量奴隶劳动力。于是霍金斯决心排除西班牙政府的限制，在非洲和西印度之间从事这种获利颇丰的奴隶贸易。

霍金斯很注重收买手下人的忠诚，并用各种办法控制他们，他答应分发给他们战利品，允许他们进行私营贸易。

为了能保持在海上的生活不太糟糕，霍金斯远航前必须确保船只装有充足的淡水、饼干、啤酒、咸牛肉、鳕鱼干等物品，甚至还带有活的宠物以便发生不测时用来充饥。

此外在出发前，木桶、铲子、罗盘、压舱物、滑轮、绳索以及鼠药等，船上一应俱全。

对于人员的布置上，除了比较优秀的水手之外，还包括修补船只的工匠，会制作与修补绳索和帆布的工人们、外科医生、理发师、做饭的厨子以及会计员等。

三角贸易

1559 年霍金斯迎娶海军财务官本杰明·冈森的女儿凯瑟琳·冈森为妻。在本杰明·冈森和他的同僚以及伦敦商人的资助下，霍金斯于 1562 年 10 月率领一支船队出海，开始了他的第一次奴隶

伊丽莎白·都铎也就是伊丽莎白一世，是都铎王朝最后一位君主，英格兰与爱尔兰的女王（1558—1603 年在位），她也是名义上的法国女王。她是英王亨利八世和他的第二任妻子安妮·博林的女儿。

贸易航行。

为了便于在新海域的航行，霍金斯在加那利群岛的特内里费岛带上了一名西班牙人担任领航员，然后驶向几内亚海岸。在那里他捕获了 300 名黑人，他带着这些"活货物"穿过大西洋，前往西印度群岛的海地岛，将黑人奴隶卖给西班牙殖民者，并换取当地的兽皮、生姜、糖和珠宝。

1563 年 9 月，霍金斯满载而归。这是英国最早的"三角贸易"。作为英国奴隶贸易的创始人，霍金斯不仅赢得了名声和大量财富，也因此成为英国历史上最早进行贩卖奴隶勾当的海盗头子。

伊丽莎白一世御用商人

霍金斯的奴隶贸易引起了英国王室浓厚的兴趣。一开始，伊丽莎白一世女王责备霍金斯不该进行这种不道德贸易，但是，当霍金斯向她透露了在这次"贸易"中所获得的巨额利润后，她很快改变了主意。

1564 年，霍金斯带着表弟德雷克第二次出航几内亚。女王和她的几名枢密院官员联合一起，对霍金斯的第二次航行进行秘密投资，她将自己一艘 700 吨的海船"卢卑克的耶稣"号折合为 4000 镑股份投资于他的船队。

1565 年 9 月，霍金斯再次胜利归来。霍金斯两次贩奴活动的成功得到英国政府的赞扬，女王伊丽莎白一世专门授予他一块盾形纹章以资奖励，纹章的图饰

▲ [1565 年授予约翰·霍金斯的盾形纹章]
为了奖励霍金斯在奴隶贸易中赚取的大笔利润，女王授予霍金斯的盾形纹章。

是一个被捆绑的黑人。

由于霍金斯的走私活动威胁到西班牙帝国对海上贸易的垄断，因此引起了西班牙王室的不满。西班牙国王腓力二世强烈反对英国海上势力在拉丁美洲地区的扩张。西班牙驻伦敦大使也向英国提出强烈抗议，迫于压力，霍金斯采取了某些机变的做法。他佯称不再出海远航，却说服女王允许他进行一次最后的航行。结果证明，这次冒险是一场灾难。

1568 年，霍金斯和德雷克又租借女王的战舰再次远航，在返航途中，由于遇到飓风，他们把船停靠在墨西哥湾的西属港口维拉克鲁斯，期间遭到西班牙

◀ [被捆绑的黑人盾徽]

1565年,霍金斯第二次奴隶贸易胜利完成后,女王伊丽莎白一世专门授予他一块盾形纹章以资奖励,纹章的图饰是一个被捆绑的黑人。

除了表弟德雷克外,霍金斯的儿子理查德·霍金斯和侄儿威廉也是当时有名的航海冒险家,先后进行过深入太平洋的远航。

军队袭击,两人不得不放弃大量财宝逃回英国。

霍金斯对英国海军的改革

1572年霍金斯进入国会。1577年他接替岳父担任海军财务官职务,后来又兼任海军给养官。期间,他整顿了海军财务,为女王节省了大量开支。同时,他直接领导了海军舰船的改建工作。他根据德雷克等航海冒险家的经验和实战的需要,建造了一批新的战船,这种船属于中等型号,船身高度也比原来的要低,但是行驶速度更快,行动更灵活,而且在恶劣的天气下仍能在海上执行任务。

在海战的战术上,霍金斯进一步推行以炮战为主的新打法,改变过去以靠拢敌船并登上甲板进行近战为主的传统战术。为了加强军舰的火力,一种更加轻便易带的大炮逐渐取代旧式的大炮。这种新炮反冲小、发射快、射程也更远。另外,霍金斯还建造了一些附属快船。

在1588年英国海军与西班牙无敌舰队决战前,英国海军已拥有载重百吨以上的战舰25艘,以及可在大洋行驶的附属快船18艘。格拉沃利讷海战和加莱海战爆发后,经过霍金斯等改进的英国舰只无论在灵活性上还是在火力上都优于西班牙舰只,从而为英国海军的胜利提供了有利的条件。霍金斯本人以海军少将和分舰队长的身份参加了战斗。由于作战有功,霍金斯被授予爵士称号。

霍金斯的改革使得英国海军不再局限于守卫英国本土、防御外敌,而是转向为未来更大规模的海外探险和殖民保驾护航,英国海军对西班牙无敌舰队的胜利也说明他的改革是卓有成效的,为英国成为后来的海上帝国奠定了基础。

魂归大海

1595年8月,霍金斯与德雷克一起前往西印度进行他们最后一次海盗远征活动。船队由27艘战船(其中有女王的6艘)和2500名水手组成。他们于11月12日到达波多黎各岛附近。当天下午,年迈的霍金斯死在自己船上。

英国皇家海军之魂
霍雷肖·纳尔逊

霍雷肖·纳尔逊（1758—1805年），是英国帆船时代最著名的海军将领、军事家，被誉为"英国皇家海军之魂"。

▲ [霍雷肖·纳尔逊]

在世界海军史上，纳尔逊是一个无比炫目的超级巨星，被誉为"英国皇家海军之魂"。2002年，BBC举行了一个名为"最伟大的100名英国人"的调查，结果纳尔逊位列第9位。

1758年9月29日，纳尔逊出生在英国诺福克郡伯纳姆索埔村，也正是在这一年，英国政府批准建造"胜利"号战列舰。纳尔逊是家里8个孩子中的第3个。9岁时他母亲去世，这个大家庭就由他父亲一肩担起。12岁那年，福克兰危机爆发，皇家海军受命动员防范与西班牙爆发海战，纳尔逊的舅舅海军上校莫里斯·索克令奉命指挥停泊在查塔姆港的三等战舰"合理"号，纳尔逊趁机加入了英国皇家海军，到了舅舅的舰上当实习生。他随舰一起远航，获得了很多驾驶舰船和海上生活的经验。

福克兰危机解除后，索克令利用他的影响力让纳尔逊到一艘他的旧部担任船长的商船工作，并出发到西印度群岛一带。1773年，纳尔逊成功争取到海军上校史格芬顿·路特维指挥的"卡尔卡斯"号任职，参与了北极探险，试图找寻通往印度的不冻航道，年仅14岁的纳尔逊获得了在冰海航行的经验。索克令后来升任皇家海军审计官，他的影响更加速了纳尔逊在海军中的晋升。

海洋军事人物

图说海洋 影响历史的海洋人物

[汉密尔顿夫人剧照和汉密尔顿夫人油画]

传说中，纳尔逊幼年时有一次独自出门掏鸟蛋，他稀里糊涂地走入森林深处，结果迷失了方向，无论如何也走不出去。直到深夜，他的家人才在森林深处找到他。家人问他："你这孩子怎么不害怕呢？"他很吃惊地答道："害怕是什么意思？"家人都目瞪口呆。

独眼独臂将军

1778 年，索克令去世，次年，纳尔逊被任命为"欣钦布鲁克"号舰长。胡德海军上将在纳尔逊的军事生涯上帮了他一把，他任命纳尔逊为"阿尔伯马尔"号舰长并带年轻的威廉·亨利王子（后来的威廉四世国王）前往西印度群岛，纳尔逊和威廉王子两人后来成为毕生好友。

1783—1789 年间，纳尔逊因为《航海法案》纠纷被解职，一直赋闲在家，1787 年 3 月 11 日，在威廉王子的见证下，纳尔逊和法兰西斯在尼维斯岛结婚。

1789 年，法国大革命爆发后，纳尔逊重新获得起用，他先是受命指挥"阿伽门农"号，归属胡德勋爵的地中海舰队。1794 年，纳尔逊忙于执行封锁和围攻土伦的任务。在围攻科西嘉岛的卡尔维时，一发炮弹打在他面前，飞来的弹片和碎石打瞎了他的右眼。三年后，在受命攻击西班牙加那利群岛时，他的右臂中弹，被迫截肢。失去了眼睛和胳膊的纳尔逊魅力不减，在有妻室的情况下，和当时的"英伦第一美人"艾玛·汉密尔顿夫人爱得死去活来，惊天动地，两人的这段浪漫史在西方历史上的知名度颇高，曾被拍成电影。

圣文森特角海战

1796 年 1 月，约翰·杰维斯爵士接替胡德任地中海舰队司令，杰维斯指挥很灵活，允许部下依据情况自己采取一些行动。他还是个纪律严明的人，做事

78　海洋军事人物

BBC 在 2002 年举办的最伟大的 100 名英国人投票中，纳尔逊位列第 9，反映出他在英国人心目中的崇高地位。他与威灵顿、丘吉尔齐名，是英国历史上的三大英雄之一。

纳尔逊的遗体最初安放在一个烈酒箱内，并由专人看守。抵达直布罗陀后，他的遗体改放入一个边线镶上铅的棺木，棺内注入烈酒。回到英国后被放到另一个木做的棺材中，最后葬于圣保罗大教堂内的一个地下石棺中，位置正好在教堂圆穹的正下方。

纳尔逊死时没有留下子嗣，因此他的子爵爵位及在 1798 年册封的男爵爵位在他死后即告断绝，不过他在 1801 年另一个获封的男爵爵位和勃朗特公爵爵位，则由他的胞兄威廉·纳尔逊牧师继承，即第二代纳尔逊勋爵及第二代勃朗特公爵。1805 年 11 月 25 日英廷为了褒奖他的功劳，授予他胞兄子爵及伯爵爵位，使他成为第一代纳尔逊伯爵。

从不拖拉，对不称职的部下决不留情。他注意到了纳尔逊的热情，并利用自己的影响使纳尔逊提前晋升海军准将，这样纳尔逊就可以指挥一支独立的小规模分舰队。

1797 年 2 月 14 日，英国地中海舰队（15 艘主力舰）在大西洋圣文森特角同西班牙舰队（27 艘主力舰）遭遇，展开一场激战。在这次战斗中纳尔逊果断采取行动，抛弃了当时英国海军流行的横列队形战术，只身脱离队形冲向西班牙舰队，拦住其去路，并且率舰勇敢地逼近敌舰，两次率兵冲上敌舰与敌人展开肉搏。纳尔逊的行动为英国舰队取得最后胜利起了决定性作用。此战后，纳尔逊晋升为海军少将，获得了勋爵封号。

尼罗河战役与哥本哈根战役

1798 年初，纳尔逊开始担任地中海分舰队司令，期间奉命追击入侵埃及的法国舰队。8 月 1 日晚，纳尔逊率部突袭

海洋军事人物

▲ [纳尔逊接受了圣尼古拉斯的投降——油画]

海洋军事人物 | 79

了泊于尼罗河阿布基尔湾的法国舰队，击沉了法国舰队13艘军舰中的11艘，而且打死了法国舰队司令布律埃，大获全胜，被英王加封为男爵。

1800年底，沙皇俄国、瑞典和丹麦组成同盟，共同对付英国。为瓦解它们，在1801年3月，英国帕克海军上将率53艘战舰组成的舰队驶入厄勒海峡。同年4月2日，纳尔逊率一支分舰队向丹麦舰队发起进攻。战斗初期，由于丹麦舰队有组织的抵抗，英军受到重创，帕克命他退出战斗，但纳尔逊不予理睬，继续进攻，在英国战舰的猛烈打击下，丹麦舰队损失惨重，被迫投降。

纳尔逊乘胜追击，将瑞典舰队和俄国舰队也赶跑了，彻底摧毁了三国同盟。纳尔逊因功被授予子爵，并接替帕克，升任波罗的海舰队司令。

▲ [霍雷肖·纳尔逊]
在英国随处可见纳尔逊的雕像，也有以他名字命名的军舰。

特拉法加海战

1803年5月，纳尔逊出任地中海舰队司令，以对付法西联合舰队。1805年10月19日，法西联合舰队驶离西班牙加迪斯港，企图通过直布罗陀海峡前往地中海，配合拿破仑在意大利的军事行动。此时纳尔逊等候在加迪斯以西的特拉法加海域。10月21日拂晓，19世纪规模最大的一场海战——特拉法加海战开始了。参战的法西联合舰队有战舰33艘，纳尔逊的舰队有战舰27艘。纳尔逊指挥的地中海舰队摒弃了传统的战列线战术，采取分队穿插的机动战术(称为"纳尔逊战法")作战。战斗在下午4时许结束，英国舰队获胜，法西联合舰队33艘战舰中有8艘被击沉，12艘被俘，人员死伤和被俘达7000余人，联合舰队司令维尔纳夫被擒，英国战舰无一损失，仅伤亡1600余人。但不幸的是，在战斗中，纳尔逊被法舰"敬畏"号上的步枪手击中，身负重伤。纳尔逊中弹后，在极端痛苦中硬撑了3个小时，当得知自己赢得了这场伟大海战的胜利后，他闭上了眼睛，年仅47岁的一代名将纳尔逊不幸陨落。

纳尔逊在其长达35年的海军生涯中，长期漂泊在大洋上，身经大小战斗不下百余次。他作战英勇顽强，在军事上敢于破除旧教条，突破传统的战略战术原则，善于在战斗中发挥独创和主动精神，这也就是他所说的"纳尔逊风格"。

美国海军之父
约翰·保罗·琼斯

约翰·保罗·琼斯（1747—1792年），生在苏格兰，长在英国，死在法国，成名于美国，却在俄国圆了自己的将军梦。

约翰·保罗·琼斯原名约翰·保罗，1747年出生在苏格兰的一个工人家庭。他从小就喜欢大海，13岁时做了水手学徒，开始在大海上闯荡。这个年轻人确实是一个航海天才，19岁时便成为当地最年轻的大副，21岁就当上了船长。

1773年，琼斯的船上因工资问题发生哗变，琼斯盛怒之下杀死哗变主谋，结果被英国政府通缉，只能外逃，后来到了美国，并将名字改为约翰·保罗·琼斯。

当时的美国正处于独立战争时期，急需海军人才，琼斯一经出现便被任命为海军中尉，指挥一艘武装商船。当时

▲ [约翰·保罗·琼斯]

◀ [约翰·保罗·琼斯（左）——1930年发行的纪念邮票]

海洋军事人物

图说海洋

影响历史的海洋人物

琼斯所在的军队只有 5 艘商船，如此薄弱的海军力量肯定是不足的。于是琼斯率领他的船四处出击，不久便俘虏了 16 艘英国商船，并把船开到了当时的政治中心费城，此举令琼斯的上级对其颇为赏识。

1777 年底，琼斯奉命率舰队孤军深入英国海域，骚扰英国战船，期间琼斯击沉、俘虏了多艘英国船只，令琼斯在英国海军中名声大噪，皇家海军派出一支庞大的舰队去消灭琼斯，但未能如愿。

1779 年 9 月底，琼斯的舰队在北海的弗兰佰勒角，与一支英国舰队遭遇。英军舰队的主力是一艘拥有 52 门大炮的新型战船，战斗开始不久，琼斯所乘的船便中弹开始下沉，英国人趁机劝琼斯投降，琼斯自信地回击："我还没开始战斗呢！"于是，他用自己快要沉没的船冲向了敌舰"塞拉皮斯"号，英舰躲闪不及，两船相撞之际，琼斯率先跳向英舰，双方开始近身肉搏，最终，琼斯的英勇气概摧毁了敌人的意志，"塞拉皮斯"号舰长皮尔逊摘下佩剑，向琼斯投降。

这场胜利使琼斯威震大西洋两岸。美国国会授予他上校军衔和一枚金质奖章，使他成为美国海军中获此殊荣的第一人。法国国王路易十六也亲自向他授勋，赠给他一把黄金宝剑并封他为骑士。但之后的时间，琼斯的事业陷入了衰退，他曾主持建造当时美国最大的战舰"美国"号，但该船建成后却卖给了法国人。后来，琼斯还在法国和俄国海军中谋得了职位，甚至在俄国获得了海军少将军衔，但他无法容人的性格注定了他的失败，在俄国他被诬陷犯有强奸罪，灰溜溜地离开了这个国家。

1792 年 7 月 18 日，45 岁的琼斯因黄疸病和肾炎在巴黎去世，1905 年他的遗体被运回美国，其墓志铭上的刻字为："他给我们海军以最早的英雄主义传统和胜利。"

> 琼斯在 1777 年俘虏的英国战舰中有"德雷克"号，这艘战舰以英国历史上大破西班牙无敌舰队的海盗英雄德雷克命名，却被破烂落后的美国军舰俘虏，所以令英国人大为恼火。

◀ [约翰·保罗·琼斯海盗漫画——英国人绘]

荷兰海军上将
马顿·特罗普

马顿·特罗普（1598—1653年），17世纪荷兰著名海军统帅，荷兰共和国最伟大的海军上将之一。他在唐斯之战中击败了西班牙人，使西班牙海上霸权的地位渐趋丧失。

马顿·特罗普又译为马尔腾·哈珀茨松·特罗姆普。为了和其次子科内利斯·范·特罗普（小特罗普）区别，也简称为老特罗普。

复仇的种子

1598年4月23日，马顿·特罗普出生于荷兰一个海军军官家庭，从小父亲就喜欢带着特罗普在海上航行，在特罗普11岁那年海盗劫掠了父亲的军舰，特罗普亲眼看到父亲被海盗杀害，自己也被迫在海盗船上待了2年才找到机会逃回荷兰。这次与海盗的遭遇，在特罗普心里种下了复仇的种子。

歼灭海盗集团

为了达到复仇的目的，特罗普于1617年加入荷兰海军，参与对抗阿尔及利亚海盗并获得成功，之后他离开海军，在随商船赴地中海途中再次落入海盗之手，一年后他又逃脱了。1619年特罗普再一次加入荷兰海军，因为他勤奋好学、忠于职守，以及在与海盗作战中表现英勇，受到上司的赏识和不断提拔，很快

▲ [马顿·特罗普]

马顿·特罗普的次子科内利斯·范·特罗普也是荷兰海军中将，在第一次英荷战争期间表现出色，为了与父亲区别，科内利斯·范·特罗普被称为小特罗普。

成为荷兰海军中校，之后任上校舰长、旗舰指挥官，不久被提升为海军中将，统率荷兰舰队。1639年2月，他率部击败了敦刻尔克海盗船队，并在1646年与法军合作将此海盗集团彻底歼灭，打通了荷兰商船队的海上通路。

唐斯之战

1639年2月，由西班牙和葡萄牙组成的西葡舰队，闯进了荷兰海域，目的是找到并击败荷兰舰队，控制英吉利海峡，封锁荷兰的港口，企图征服荷兰。

西葡舰队被正在此海域巡逻的特罗普发现了，特罗普一面向本土求援，一面指挥他的分舰队：仅有的13艘战舰迎了上去，冲向拥有77艘战舰的西葡舰队，西葡舰队被突如其来的荷兰舰队冲乱了队形，无心迎战，舰船争相逃入当时中立国英国的唐斯海域。

在这个过程中，荷兰临近海域的舰船收到特罗普的求援信号，100多艘荷兰舰船纷纷冲向了唐斯海域。在激战中，

▲ [马顿·特罗普版画（局部）]

画中的马顿·特罗普坐在马车上，周围的海妖、海怪高举旗帜，象征他在海上拥有的绝对权力，身后是他的海军舰队。

特罗普指挥舰队以火攻船突入敌舰群，使得西葡舰队争相逃命，互相冲撞，一片混乱。荷兰舰队大败西葡舰队，击毁和俘获战船近60艘，毙伤官兵达万人，这就是著名的唐斯之战。西班牙海军经过这次打击后，其海上霸权地位进一步丧失。

此战也使特罗普赢得了极大的声望，他也成为荷兰人心中的民族英雄，并晋升海军上将，成为荷兰海军的精神领袖。

英荷第一次海战

1652年，由于英国攻击荷兰商船，引发两国大规模的船舰对抗。英国海军封锁了海上航道，荷兰则组织舰队护航，

▲ [马顿·特罗普纪念币]

双方海战逐渐由封锁反封锁的贸易战，发展为主力舰队间争夺制海权的决战。特罗普作为荷兰海军的主帅连续两次带舰队，冲破了英海军主帅布莱克的封锁。但终因荷兰海军总兵力不如英国强大，最后还是被英国强行封锁海上通道，使荷兰的海上贸易几乎到了崩溃的边缘。特罗普不忍目睹国家的败亡，1653年8月8日，他亲率荷兰舰队冲向英军封锁线，与英国舰队在斯赫维宁根海域展开激战，在战斗中，特罗普突然中弹身亡，荷兰舰队见海军统帅阵亡后，放弃了抵抗。

特罗普被葬在代尔夫特，纪念碑造型是他阵亡的那一刻，背景是一艘燃烧着的英国战舰。在与英海军主帅布莱克的三次对决中，特罗普赢得了两次胜利，最后一次却中弹身亡失败了。特罗普作为荷兰的英雄很快被神化，他赢得了荷兰大众以及他的对手英国人的尊敬。

▲ [英荷第一次海战之波特兰海战（局部）]

奥斯曼土耳其帝国海军改革者
凯马尔·列伊斯

　　凯马尔·列伊斯（1451—1511年），又译为凯莫尔·赖斯，土耳其海军提督，奥斯曼土耳其帝国海军改革者。他是著名的海军将领兼地图学者皮里·赖斯的叔父。

　　1451年凯马尔·列伊斯出生于小亚细亚半岛的一个叫喀拉曼的小国，在凯马尔17岁那年，奥斯曼土耳其征服了喀拉曼。凯马尔和其他年轻人一样加入了奥斯曼土耳其帝国的地方武装队伍。

崭露头角

　　最初凯马尔在埃维亚岛地区总督舰队里服役，主要任务是私掠各国往来商船。

　　因为凯马尔的努力和勇猛，他很快就有了属于自己的帆船，之后频繁的海盗活动使得凯马尔成为北非和爱琴海一带非常有名的海盗。以至于奥斯曼土耳其苏丹都非常赞赏凯马尔的勇气和才干，于是给了他一支舰队参与支援格拉纳达埃米尔国，对抗阿拉贡王国和卡斯蒂利亚王国联军的攻击。凯马尔率领舰队出色地完成了军事任务，他还救回了许多遭到宗教迫害的人和犹太学者前往土耳其。正是这些人和犹太学者，为日后奥斯曼帝国的强盛做出了巨大贡献。1495年，凯马尔因功被奥斯曼土耳其苏丹巴

▲ [凯马尔·列伊斯画像]

耶济德二世授予海军将领的头衔，正式成为帝国海军的一员。

海军改革

　　凯马尔在能力范围内推动了海军的军事改革。凯马尔认为依赖帆桨加列战舰的时代已经过去了，他大力推广西班牙式大帆船，并利用奥斯曼土耳其帝国

独步全球的火炮技术，将火炮大量装载在舰上，这样的舰船最多可装载 700 人上船战斗。

嚣张的海盗行为

凯马尔对自己创造出来的新战舰十分满意，1496 年凯马尔指挥 5 艘新型战舰和一些小帆船组成的舰队，悬挂上海盗旗帜，从伊斯坦堡出港航向意大利南方的塔兰托，在那里他将那不勒斯的海军彻底摧毁，并沿着南意大利整个劫掠了一遍，赃物所得则和苏丹五五分账。

凯马尔还率领这支强大的舰队袭击了据守罗德斯岛的圣约翰骑士团、葡萄牙与西班牙商船和落单航行的威尼斯商船。面对凯马尔接连的挑衅骚扰，威尼斯政府则是试图无视他的舰队，咬紧牙关小心让步，唯恐引爆战火。

威尼斯战争

1499 年凯马尔再次带着他的强大舰队南下。

威尼斯海军总长安东尼奥·格利马尼带领舰队出航，希望能够阻止奥斯曼土耳其舰队南下。双方舰队爆发遭遇战，面对着不论武器的质和船舰的量都远胜己方的土耳其对手，威尼斯海军依然奋力一搏。威尼斯军人以自杀的方式和凯马尔的舰队作战，最后仍然失败。虽然这次战役凯马尔舰队的损失较为严重，有 2000 多人战死，但是却使得威尼斯人的士气大受打击，也令西欧基督教世界对奥斯曼土耳其帝国的舰队另眼相看，并从此建立了奥斯曼土耳其帝国大约 70 年的海上霸权时代。

凯马尔因为这一场胜利而名声大噪，奥斯曼土耳其苏丹再次下令从战利品中抽出 10 艘威尼斯桨帆船赐予他作为这次辉煌胜利的奖赏。

此后凯马尔和威尼斯海军多次交战，使得威尼斯海军闻风丧胆，凯马尔在威尼斯人眼中，俨然是一个令人望而生畏的海军战神了。从此，威尼斯不仅在希腊的海面上一蹶不振，连在北意大利的

▲ [凯马尔·列伊斯的旗舰]

本土也开始受到奥斯曼土耳其帝国陆军的威胁,直到1503年,威尼斯共和国在来自陆路和海路的双重威胁下,不得不派遣使臣向奥斯曼土耳其帝国求和。

劫掠不止

在与威尼斯的战争中取得绝对优势以后,凯马尔又开始把目光投向了西地中海世界。

1501年6月,凯马尔和他的侄子皮里·赖斯率领着36艘舰船,占领了皮阿诺萨岛,获得了很多俘虏。以此岛作为基地,凯马尔的陆战部队又在皮翁比诺登陆,抢劫了周边数个城镇。他的舰队还先后经过了撒丁岛和马略卡群岛,抢劫了沿岸的城镇。

从1501年8月到1502年3月,凯马尔做了一次跨越直布罗陀海峡的远航,通过沿途抢掠征服。使凯马尔了解到了在旧大陆的另一边存在着另一块新的大陆的事实,也给奥斯曼土耳其帝国的人带来了更多新的地理知识。

1509年底,凯马尔率领舰队再次驶入第勒尼安海域进行了数次抢掠活动。

1510年9月,凯马尔受命前往埃及,以援助马穆鲁克海军在印度洋与葡萄牙人的战争。1511年初,他的舰队遇到一场罕见的巨大风暴。凯马尔的旗舰不幸在暴风雨中沉没,他与船一道葬身海底。

▲ [在威尼斯战役中与凯马尔·列伊斯对战的将领安东尼奥·格利马尼]

在1499年的战役中,威尼斯方的海军总将领为安东尼奥·格利马尼,此战中威尼斯方仅有17艘大帆船、47艘桨帆船及其他小型排桨舰,兵力约有12 000名水军,虽然兵力不足凯马尔数量的一半,但他依然勇敢出战。

美国最早的海军少将
斯蒂芬·德凯特

斯蒂芬·德凯特（1779—1820年），美国海军军官，曾指挥"美利坚合众国"号和"总统"号战舰俘获英国"马其顿"号战舰，是美英战争中美国所取得的最大一次海上胜利。

斯蒂芬·德凯特1779年1月5日生于美国费城，他的父亲是一名舰队指挥官，由于家族环境的熏陶，德凯特从小就向往海上生活。1798年，他作为候补军官登上了"美利坚合众国"号战舰。

疯狂的海盗

18世纪的美国，由于弱小，屡屡受到欧洲列强的欺侮，而且还需要向的黎波里的海盗缴纳"保护费"。在美国总统杰斐逊任职期间，的黎波里的统治者嫌美国人给的贡金太少，愤怒之下砍断了美国领事馆前的旗杆并宣布向美军开战。

"强硬派"美国总统杰斐逊说："贿赂海盗等于把金钱丢在海里！"唯一的办法是进行反击。于是，他迅速组织了一支海军舰队开到了地中海。

在1801—1803年，美军舰队司令三次撤换，但征讨的黎波里的战争却一无所获。最难堪的是，美军"费城"号撞上了暗礁，被的黎波里人俘虏了。消息传到美国后，使得战争的前景又蒙上了

▲ [斯蒂芬·德凯特]

的黎波里位于撒哈拉沙漠西北部地中海南岸的绿洲沿海地区，是利比亚的首都。

一层阴霾。

在这关键时刻，年轻的上尉德凯特立了一个大战功，为整个舰队挽回了颜面。

出其不意 一战成名

1804年2月16日，借着月色，德凯特带领着70名志愿者，指挥"无畏"号战舰向的黎波里海湾驶去。"无畏"号战舰并不是美国战舰，而是刚刚缴获的双桅船，舱内装满了易燃易爆物品，德凯特决定好好利用这艘船。

守在的黎波里的海盗们很快便发现了这艘船，便用旗语开始询问，而德凯特也回答了他们，"我们在风暴中丢掉了铁锚，请求允许靠近舰艇停泊一夜"，这一请求很快便获得了批准。

"无畏"号迅速靠近了"费城"号，德凯特率领手下迅速冲上"费城"号战舰，

杀死 20 多名守敌，并迫使其他人投降，随后德凯特放火将该舰焚毁。

这场战斗，美军只用十几分钟就完成了预期的任务。德凯特被美国人当成了英雄，25 岁的德凯特被破格提升为舰长，这是美国海军史上最年轻的舰长，并荣获国会赠予的军功佩剑，军衔晋升为海军上校。

单舰作战　成就英雄

1812 年 6 月，美国无法忍受英国的欺侮，愤然向不列颠宣战，美国"第二次独立战争"爆发了。

针对美国船队无论是数量还是质量都不如英国皇家海军的情况，德凯特认为美舰队如果堂堂列阵，必然不敌英军。因此他提出了单舰行动的战术，隐蔽、突然地袭击敌人，克敌制胜。

同年 10 月下旬，德凯特率领"美利坚合众国"号战舰起航了，在绕过加那利群岛时，发现了英舰"马其顿"号，德凯特利用本舰大炮射程比敌舰远的优势开炮攻击敌舰，他不断调整火力，英舰还未来得及反击，就被美国人打败了。

此战，英舰伤亡 104 人，美舰仅伤亡 12 人。英舰舰长投降了美国人。

此后，德凯特率舰队频频打击英国舰队，并不断取得胜利。

1813 年，德凯特晋升为海军少将，指挥驻纽约港的海军。1820 年 3 月 20 日，德凯特在与原"切萨皮克"号舰长巴伦的决斗中死去，临死前他痛心地说："唯一使我遗憾的是我没能死在甲板上。"

▲ [托马斯·杰斐逊]

托马斯·杰斐逊，美国第三任总统（1801—1809 年在位），同时也是美国《独立宣言》主要起草人，美国开国元勋之一，与华盛顿、本杰明·富兰克林并称为美利坚开国三杰。

▲ [焚毁的"费城"号]

航母舰队司令
弗兰克·弗莱彻

弗兰克·弗莱彻（1885—1973年），美国海军上将，美国国会荣誉勋章得主，第二次世界大战期间美国航母特混舰队指挥官，曾参与大战初期数场重要的航母部队会战，包括珊瑚海海战、中途岛海战与东所罗门群岛海战等。

海洋军事人物

1885年4月29日，弗兰克·弗莱彻出生于艾奥瓦州马歇尔敦。

1906年毕业于美国海军学院，参加过第一次世界大战和1924年镇压菲律宾起义，1930年任海军上校。

1941年12月，珍珠港事件的爆发，拉开了历时3年9个月的太平洋战争的序幕。此时，弗莱彻已被任命为"约克城"号、"列克星敦"号航空母舰舰长。

暴风雨下进攻日军基地

珍珠港事件后，美国新任太平洋舰队司令尼米兹为了重振士气，主张舰队积极出击，攻击日本人占领的马绍尔群岛和吉尔伯特群岛。

美国著名海军将领哈尔西将突袭兵力分为两支。第1特混舰队由哈尔西亲自指挥，第2特混舰队指挥官就是弗莱彻。

此战战绩虽然不佳，但是却显露出了弗莱彻卓越的指挥才能。

东征西战　战绩斐然

1942年6月初，弗莱彻率第17特混舰队参加了中途岛海战，他凭借沉着指

▲ [弗兰克·弗莱彻]

弗莱彻是美军在太平洋战争中击沉日军航母最多的一位将领，他在珍珠港事件后极端不利的情况下临危受命，参与指挥了战争初期全部重大战役，取得了不俗的战绩，不但保存了美国海军的实力，而且阻止了日本人的进攻，改变了战争的走向，却没有获得应得的赞誉。

挥"约克城"号航母特混舰队，出奇制胜，为大败日军立下汗马功劳。此后，弗莱彻被晋升为中将。

中途岛战役刚刚结束，弗莱彻又被调去参加进攻瓜达尔卡纳尔岛，实施"瞭望台"战役计划。

海洋军事人物 | 91

图说海洋 影响历史的海洋人物

▲ [左侧上图为中途岛海战中"赤城"号航空母舰]

[左侧下图为中途岛海战中日军"零"式战斗机]

[右侧上图为美国海军"约克城"号航空母舰]

[右侧下图为通过低空飞行接近投弹的日本中岛B5N"97"式舰载鱼雷攻击机]

瓜岛海域再起风雷,弗莱彻被任命为战区海军总司令,后又被任命为北太平洋舰队和地区海军司令,其间战绩斐然。

中途岛战役美军只损失1艘航空母舰、1艘驱逐舰和147架飞机,阵亡307人;而日本却损失了4艘大型航空母舰、1艘巡洋舰、332架飞机,还有几百名经验丰富的飞行员和3700名舰员。

接受日本投降的演说

在1944年和1945年,弗莱彻指挥北太平洋部队(包括陆军航空队与海军部队)执行对千岛群岛的轰炸与岸轰任务。1945年9月,他率领60艘北太平洋部队的舰艇在日本陆奥湾接受日本海军北方舰队的投降。他对官兵们演说:"回顾日军在南京的暴行,偷袭珍珠港,巴丹的死亡行军,以及数不尽的谋杀、酷刑与让我们不幸被俘的伙伴们挨饿受苦,但我们不会这么对待日本人。我们已经对日本军人与世界展示了我们优越的战力,现在我们要对日本和世界展现我们为它而战的民主与法治。"

弗兰克·弗莱彻属于美国海军中的"黑鞋派"。在穿褐色鞋子的海军航空部队出现前,黑鞋是美国海军大多数军官的习惯穿着,它象征着海军的全体水面舰艇部队。

1945年,年满60岁的弗莱彻卸去舰队司令之职。

弗莱彻1946年任将官会议主席,1947年5月退休并晋升为上将。1973年4月25日弗莱彻病逝于比塞大海军医院,并安葬在阿灵顿国家公墓。

临危受命指挥莱特湾海战
切斯特·威廉·尼米兹

切斯特·威廉·尼米兹（1885—1966年），美国海军名将，十大五星上将之一。早期以研究潜艇为主，而后成为美军中柴油引擎技术的专家，太平洋战争爆发后，尼米兹担任了美国太平洋舰队总司令、太平洋战区盟军总司令等职务，主导对日作战。

海洋军事人物

1885年，切斯特·威廉·尼米兹出生于美国得克萨斯州弗雷德里克斯堡一个贫困的日耳曼移民家庭。家境的贫寒造就了尼米兹坚忍不拔的意志和纯朴、豪爽又开朗的性格。

15岁时，尼米兹进入了美国海军学院。在学校获取了大量知识和技能，并结识了一大批志向远大的海军同仁，其中包括日后成为他左膀右臂的哈尔西。

研究潜艇

尼米兹以优异成绩从美国海军学院毕业后，服役于潜艇"霍兰"号，这条16米多长、航速缓慢的潜艇唤起了尼米兹对改进潜艇的浓厚兴趣。

之后，尼米兹被调到潜艇第一支队任职。当时海上的主战舰仍然是战列舰，而潜艇作为攻击性的武器，其特殊作用还没有受到重视。

精通业务又肯钻研的尼米兹在指挥潜艇的实践中，发现当时潜艇使用的汽油发动机排泄毒气并易于爆炸。于是，他提出了用柴油发动机代替汽油发动机

▲ [切斯特·威廉·尼米兹]

美国海军为纪念尼米兹，将其去世之后所建造的第一艘也是当时最先进的尼米兹级核动力航空母舰以他的名字命名，也就是日后的"尼米兹"号航空母舰。
此外，美国夏威夷檀香山及加州旧金山也有以他为名的尼米兹高速公路。

海洋军事人物 | 93

图说海洋
影响历史的海洋人物

[切斯特·威廉·尼米兹两度荣登《时代周刊》封面人物]

的设想。

经过刻苦钻研，尼米兹很快成为一名潜艇动力专家。1912年6月20日，他曾以潜艇专家的身份，应邀到美国海军学院发表《潜艇攻防战术》的专题演讲。尼米兹当时认为潜艇应该用于近岸防御。第一次世界大战爆发后，由于德意志帝国海军U艇发动的无限制潜艇战，美国对德宣战，尼米兹以大西洋潜艇舰队司令萨穆尔·谢布尔涅·罗宾森少将的参谋身份参战，积累了潜艇作战和海上加油的大量技术经验。其后尼米兹历任舰队指挥官、参谋长、航海署署长等职，并晋升为海军少将。

临危受命

1941年12月7日上午7点55分，日本飞机偷袭了美国夏威夷的海军基地珍珠港，港内有18艘舰船被击沉、击伤，这几乎是美国太平洋舰队的大部分军舰。只有"企业"号、"列克星敦"号、"萨拉托加"号和一支巡洋舰队因为外出执行任务，幸免于难。

尼米兹临危受命太平洋舰队司令，他牢记美国总统罗斯福的重托，毅然挑起了力挽太平洋战争狂澜的重任。

尼米兹接到任命后立即动身前往夏威夷。当时的夏威夷到处舰船倾覆，士气低落，充斥着悲观失望和消极避战的情绪。为了鼓舞士气，整顿再战，尼米兹没有急于处理那些渎职者，也没有过多责备那些情绪低落的失败主义者，他制定了"积极防御，主动出击"的作战方针。

次年1月，尼米兹毅然决定，由两艘航空母舰组成联合编队，向日军控制的马绍尔群岛和吉尔伯特群岛发动一次闪电式的突袭。结果突袭成功，一举击沉了日军2艘潜艇、1艘运输船、8艘小型船只，并炸毁了岸上的部分设施。

接着，尼米兹又于2月上旬开始筹划对日本首都东京的空袭。从大西洋调来了新航空母舰"大黄蜂"号以搭载旧金山附近阿拉米机场的B-25型轰炸机。轰炸当天，16架B-25型轰炸机满载炸弹从"大黄蜂"号甲板上腾空而起，在短短几小时内，飞抵东京、名古屋、横须贺、神户等城市上空，投下炸弹和燃烧弹后顺风直飞中国。

这次空袭的直接战果虽然不是很大，但却产生了巨大的影响，不仅使日本削减了前线航空兵的力量，把大批的战斗

> 军事历史学家艾德温·帕尔玛·霍利曾评论："哈尔西能在一场海战中取胜，斯普鲁恩斯能在一场战役中取胜，而尼米兹能在一场战争中取胜。"

> 尼米兹是个遗腹子，他父亲在和母亲结婚5个月后就去世了。他的母亲安娜后来又和他叔叔威廉·尼米兹再婚，但是生活境遇并没有改观，依然贫困。尼米兹8岁就开始当送货小弟，15岁就在旅馆帮工，后来机缘巧合之下进入美国海军学院就读。

机群紧急调回国内保卫本土岛屿；还迫使日军从侵华远征军中调遣了一支由53个营组成的讨伐队，专门去扫荡美国轰炸机降落在中国江浙地区的飞机。

在尼米兹的领导下，美国海军在战争中不断发展壮大，仅太平洋战区就拥有大小舰船5000余艘、飞机1.5万架，以及数十个航空基地和海军基地，构成了世界上最强大的舰队。之后，尼米兹组织并进行了珊瑚海海战、中途岛海战、瓜岛海战、硫磺岛海战和冲绳岛战役等大战，在太平洋战场上取得节节胜利，1944年12月，尼米兹晋升为海军五星上将。

花甲之年依然不遗余力地工作

1945年12月20日，美国总统杜鲁门任命尼米兹担任海军作战部部长。

1947年12月，尼米兹任职期满。由于五星上将为永久军衔，他被任命为海军部长的特别顾问。虽然如此，尼米兹在离任后还是离开了华盛顿，移居西海岸的加利福尼亚州。

1950年6月25日，朝鲜战争爆发，杜鲁门宣布出兵朝鲜，并亲自前往尼米兹在纽约的住处访问，请他再次出任海军作战部部长。尼米兹婉言拒绝，但推荐了自己的朋友福雷斯特·谢尔曼将军，杜鲁门采纳了他的建议。

1966年2月20日，尼米兹在加利福尼亚临海的家中去世，终年81岁。

▲ [切斯特·威廉·尼米兹在金门国家公墓的墓地]

美国金门国家公墓里的墓地是为对国家做过杰出贡献的人准备的。所有逝去的退伍军人都有埋葬在这里的资格，并且葬礼费用由政府支付。此外，美国金门国家公墓也对已故总统和特定政府部门的成员开放。但被开除军籍，以及犯有颠覆罪或叛国罪的人没有资格。

图说海洋 影响历史的海洋人物

海军将领中的蛮牛
小威廉·弗雷德里克·哈尔西

小威廉·弗雷德里克·哈尔西（1882—1959年），在太平洋战场上多次指挥战役并获得胜利，因作风勇猛而获绰号"蛮牛"，是第二次世界大战中美军人气最高的将领之一，因为人随和而被称为"水兵的海军上将"。

▲ [小威廉·弗雷德里克·哈尔西]

哈尔西1882年10月30日出生于新泽西的一个海军军官家庭，自幼受海军熏陶，1900年，靠家族人脉关系，哈尔西考入了美国海军学院。

因为没有获得保送资格而未能考入美国海军学院的哈尔西，只得考入弗吉尼亚大学攻读医学。1900年，由于母亲再三恳求威廉·麦金莱总统而获得保送资格，转而进入美国海军学院学习。

第一次世界大战

1904年，由于西奥多·罗斯福总统扩建海军，需要大批新军官，哈尔西便提前毕业，被分配到一艘烧煤的战舰"堪萨斯"号上服役。后来在受命指挥"弗鲁塞"号驱逐舰时，遇到了未来总统富兰克林·罗斯福，两人结下了不同寻常的友谊。

▼ [满载飞机的"大黄蜂"号航母]

海洋军事人物

哈尔西虽然只是一个低级军官，但渴望在战争中大显身手。第一次世界大战爆发后，哈尔西终于如愿以偿，成为一支驱逐舰编队的指挥官。在作战中，他显露出卓越的军事才干，从而受到上级的赏识。

成为美国最早的航空母舰指挥官之一

1927年，哈尔西被调任到美国海军学院"雷娜"号练习舰担任舰长，海军学院正在组建第一个飞行学员大队，哈尔西借机学习了航空知识，并开始钻研航空部队如何与水面舰只协同作战的问题。

1935年，哈尔西出任"萨拉托加"号航空母舰舰长，成为美国最早的航空母舰指挥官之一。1940年，他升为海军中将。尽管他已进入高级指挥官的行列，但仍对各种新技术深感兴趣，并成为某些新技术、新设备的积极倡导者，因擅长轰炸，被称为"轰炸机"。

▲ ["大黄蜂"号航母]

1941年12月7日珍珠港事件爆发时，"大黄蜂"号正在诺福克港外进行训练。
作为当时最新服役的航空母舰，"大黄蜂"号被选中参加空袭东京的任务，经过短期的特殊改装后，1942年4月2日"大黄蜂"号载着16架B-25轰炸机出航，4月14日在北太平洋与由哈尔西统一指挥的包括"企业"号航空母舰在内的14艘军舰会合。

幸运地躲过珍珠港轰炸

随着太平洋局势的不断升级，美国海军需要加强太平洋的空中力量。因此派哈尔西率领以"企业"号航母为主的特混舰队为威克岛运送飞机，按计划应在1941年12月7日前返回珍珠港，但突遇狂风，延误了一天，哈尔西和"企业"号逃过一劫。

此后，哈尔西奉命袭击日本攻击珍珠港的舰队，但因为情报错误，使哈尔西的舰队未能追到日军舰队，就是这样的错误又一次挽救了哈尔西。若真的相遇，凭借当时日本舰队的实力，哈尔西恐怕会凶多吉少。

图说海洋 影响历史的海洋人物

▲ ["哈尔西"号舰徽]

为纪念哈尔西上将，美国海军用他的名字命名了一艘 2005 年开始服役的驱逐舰。

▲ [小威廉·弗雷德里克·哈尔西登上《时代》杂志封面]

越岛作战即跳岛战术，即是不采行逐一收复各岛的战法，而是收复一个岛屿后，跳过下一个岛屿，而攻占下下一个岛屿，特别是跳过防守比较坚固的日军岛屿，通过跳岛占领，以海空封锁的方式来孤立日军占领的岛屿，迫使其最后不得不屈服（或宁死不从的饿死），如此大幅提升收复的进度与成效。

为空袭东京护航

1942 年 4 月，哈尔西奉尼米兹的指令，率领"企业"号为空袭东京的"大黄蜂"号护航，1942 年 4 月 18 日杜立特率 16 架 B-25 轰炸机从"大黄蜂"号航母上顺利起飞并空袭东京成功，哈尔西也因此战成名。此后，哈尔西因患皮肤病而被迫住院治疗，没有参加珊瑚海海战和中途岛海战，这是哈尔西的遗憾。

所罗门群岛战役

1943 年，同盟国决定从中太平洋和西南太平洋同时对日本发起进攻。

哈尔西奉命指挥所罗门群岛战役。他率领的第 3 舰队有 6 艘航空母舰（舰载机 540 余架）、2 艘战列舰、49 艘巡洋舰和驱逐舰，还配属有海军陆战队。6 月 30 日，哈尔西部在新乔治亚岛实施登陆作战，遭到日本守军的激烈抵抗。8 月 25 日，美军攻克该岛，歼敌约 9000 人。根据预定计划，哈尔西的下个目标是班格拉岛，该岛有 1 万日军严密设防，强攻不仅会造成重大伤亡，而且将使作战旷日持久，因此，哈尔西决定对该岛围而不攻，越过该岛而进攻韦拉拉维拉岛，果然大胜。这为后来尼米兹提出"越岛作战"提供了成功的先例。

"二战"末期，哈尔西率部支援盟军在硫磺岛和冲绳岛的登陆。随后在海上，除神风特攻队外，哈尔西已找不到什么对手。1945 年，日本宣布投降，投降仪式于 9 月 2 日在哈尔西的旗舰"密苏里"号战列舰上举行。2 个月后，哈尔西率部回到旧金山。12 月，哈尔西晋升为海军五星上将。

1947 年，哈尔西退役，并出版了《哈尔西海军上将的故事》。1959 年 8 月 16 日，哈尔西在美国旧金山去世。

地中海的老水手
安德鲁·布朗·坎宁安

> 安德鲁·布朗·坎宁安（1883—1963 年），英国皇家海军自霍雷肖·纳尔逊之后至今 200 年间最伟大的将领，海军航空兵的倡导者，塔兰托战役和马塔潘角海战等历次战役的胜利者。

[安德鲁·布朗·坎宁安]

安德鲁·布朗·坎宁安是第二次世界大战中英国皇家海军最为杰出的指挥官，被亲切地称为"ABC"。

1883 年 1 月 7 日，坎宁安出生于爱尔兰都柏林南部的拉斯曼斯，父亲是一位教授，这让他有着良好的家庭教育。1893 年，年仅 10 岁的坎宁安进入了英国皇家海军学院学习，从此开始了他的海军生涯。

第一次世界大战时他曾任驱逐舰舰长，随后陆续担任过驱逐舰分队指挥官、新式战舰舰长、海军副参谋长等职。

新旧海战战术过渡　新老将领更迭

视距海战与超视距海战并存的第二次世界大战时期，是新旧海战战术的过渡期，新的海权模式称雄各大洋，"大舰巨炮"受到严重挑战，在这个动荡的时期，守旧的英国皇家海军并不被看好，坎宁安凭借睿智的决策，改变了英国海军的古老传统。1939 年他取代庞德成为皇家海军地中海舰队的司令，一改庞德时期的拖沓作风，唤起了水兵们的斗志，使英国地中海舰队成为一支焕发蓬勃战斗力的队伍。

偷袭塔兰托

塔兰托位于意大利靴形半岛的后跟，是意大利的主要海军基地。1940 年，坎宁安决定利用舰载航空兵，在夜晚突袭塔兰托港。

> 塔兰托战斗的结果很漂亮，英国仅仅损失 2 架飞机就达成了击沉 1 艘、重伤 2 艘战列舰，击伤巡洋舰、辅助舰各 2 艘的战绩，使英国海军在地中海占据了优势。
> 更重要的是，偷袭塔兰托战斗首创航母舰载机独自进攻大型军港和军舰的先河，展示了航空母舰在海战中的重大作用，为未来太平洋海战的模式转变奠定了基础。

海洋军事人物

图说海洋 —— 影响历史的海洋人物

[上左：塔兰托战役中的"光辉号"航空母舰]

[上右：塔兰托战役中空中的"剑鱼"鱼类轰炸机]

[下左：塔兰托战役中意大利海军"安德烈亚·多里亚"号战列舰]

[下右：塔兰托战役中被鱼雷击中燃起大火的意大利海军"加富尔伯爵"号战列舰]

在塔兰托战役中，坎宁安首创航母舰载机独自进攻大型军港和军舰的先河，击沉击伤意大利海军一半的战列舰，为次年日本偷袭珍珠港提供了模板。

> 沉没、着火、毁掉，三者都不允许发生！海军建造一艘战列舰需要三年，但改造一种传统需要三百年。
>
> ——坎宁安

达到人生巅峰

坎宁安的地中海舰队完全控制了亚历山大港、直布罗陀海峡和马耳他岛，控制住了整个地中海地区的后勤补给通道，为盟军最后在北非彻底战胜隆美尔的非洲军团打下了基础。1942年在他拒绝了丘吉尔让他接任托维指挥本土舰队的提议后被任命为"火炬"计划的海军指挥官和北非盟军海军远征军司令，支持了盟军在西部地中海沿岸的各种主要的登陆行动。

1943年2月，为了防止北非的轴心国部队撤回意大利本土，坎宁安率领地中海舰队不计一切代价，封锁了北非海岸。致使绝大多数北非的轴心国部队在撤退无望的情况下向盟军投降。

坎宁安于1943年9月10日在马耳他接受意大利舰队的投降，这是盟军中第一个享受这种荣誉的将军！

此后，他作为皇家海军的代表参加了开罗、德黑兰、魁北克、雅尔塔和波茨坦会议，并参与规划了诺曼底和皇家海军太平洋舰队的作战方针。

1963年坎宁安从海军退役，1963年6月12日因病于伦敦去世。

[安德鲁·布朗·坎宁安元帅的雕像]

第一海务大臣
路易斯·蒙巴顿

路易斯·蒙巴顿（1900—1979年），英国海军元帅，盟军东南亚战区总司令，是英国近代最褒贬不一的一位人物。

▲ [路易斯·蒙巴顿——1930年]

路易斯·蒙巴顿是真正的"富二代"，父亲是德国亲王，母亲是维多利亚女王的外孙女，英国国王爱德华七世是其舅公；德皇威廉二世是他的舅舅，俄国皇帝尼古拉二世是他姨夫……

蒙巴顿的人生也一帆风顺。他1900年6月25日出生于英国的温莎堡，13岁就进入了怀特岛的奥斯本海军学校，19岁进入剑桥大学，22岁与英国巨商的"富二代"小姐结婚。有了这样的经历，他的人生简直就像开了挂一样，才32岁就晋升为海军中校。

蒙巴顿在海军中的提升堪称神速，虽未有任何建树，而且屡次"犯错"，不仅没被降职，还被提升，比如在一次任务中，蒙巴顿的舰队遇到风暴，按当时海军的规定，在暴风雨中最高速度最多14节，但是他指挥的"凯利"号开到了28节，让人觉得神奇的是，这船居然没有翻，他也没受任何处分。

第二次世界大战爆发后，蒙巴顿也率领"凯利"号参加了战斗。1939年10月，"凯利"号奉命北上挪威海域，为英国和挪威之间的运输船队护航,其间蒙巴顿发明了被称为"蒙巴顿粉红"的海军迷彩。随后蒙巴顿曾指挥舰队与德军作战,战绩不佳,尤其是在1941年5月的克里特战役中,"凯利"号被德国飞机炸沉,128名舰员遇难,仅有蒙巴顿在内的38人幸存。

1942年蒙巴顿任盟军"联合作战司令部"的领导人,指挥英国海军袭击驻法国和挪威港口的德国海军。

从1943年起蒙巴顿任东南亚战区盟军总司令,协调史迪威、斯利姆、温盖特的行动。1947年他任印度总督,提出"蒙巴顿方案",使印度和巴基斯坦分治。

对日本人绝不能手软

从小就习惯了尔虞我诈的蒙巴顿对待日本人的态度是强硬的,特别是他任职盟军高级将领参加对日本的战争时。1945年,蒙巴顿在接受日本人的受降时,他绝不与日本人握手,也要求所有将要参加仪式的盟军军官不得与日本人握手。

蒙巴顿也从没访问过日本,甚至自己的葬礼也不能让日本人参加。这个颇有个性的军人,对中国一直很友好,在1974年访问中国时,坚决支持中国收回对香港和澳门的领土主权。

出色的政治家

蒙巴顿虽然不是一位杰出的将领,但却是一个出色的政治家,这得益于他

▲ [路易斯·蒙巴顿——纪念邮票]

对人心的把控和出色的协调能力。

1959年,蒙巴顿升任英国国防参谋长,他不是一个合格的将领,却成了英国最高的军事指挥官。

1979年8月27日,蒙巴顿在爱尔兰乘坐游艇时被炸身亡,英国为他举行了盛大的国葬,其规格也只有丘吉尔的葬礼能与之相匹敌,当时欧洲所有的国王都参加了他的葬礼,世界各国的元首也都或亲自或派特使参加了,当然除了日本。

狼群战术
卡尔·邓尼茨

卡尔·邓尼茨（1891—1980年），第二次世界大战期间德国的著名将领，曾任国防军最高统帅、海军元帅、德国总统。

1891年9月16日，邓尼茨出生于柏林近郊的格林瑙镇。他的母亲早逝，父亲是工程师，总是督促他努力学习，并注意培养其学习兴趣。

1910年4月，邓尼茨在魏玛高中毕业后参加了德国海军，先在"赫尔塔"号巡洋舰接受舰上训练，后考入弗伦斯堡－莫威克海军学校。1912年秋天毕业后分配到"布雷斯劳"号巡洋舰任候补军官。巴尔干战争爆发后，邓尼茨随舰到地中海参加封锁黑山港行动。次年5月，参加了西方列强在阿尔巴尼亚的登陆行动，阻止塞尔维亚人在亚得里亚海边定居。在第一次世界大战结束前夕，邓尼茨在袭击了一只英国商船队后被俘。

在战俘营中，邓尼茨开始研究新的潜艇战术，即"狼群战术"，该战术在第二次世界大战初期在大西洋曾给英、美等国的海上运输造成极大威胁，他也因此被盟军称为"面目狰狞的海底魔王"。

Z计划与邓尼茨的潜艇战术

1939年元月，雷德尔海军元帅向希

▲ [卡尔·邓尼茨]

邓尼茨具有狼一样的性格，寡言残忍，意志坚强。在第二次世界大战中，他放出的"狼群"肆虐于大西洋和地中海，几乎断送了大英帝国的命运。英国首相丘吉尔在战后的回忆录中仍心有余悸地写道："战争中，唯独使我真正害怕的是德国潜艇的威胁！"

特勒提出了Z计划，其主要内容是建造大型水面舰只编成战斗群，从德国的港湾经由北海而直插大西洋，以攻击英国的生命线。这一大型水面舰队计划将于1948年建成。

Z计划与邓尼茨的构想背道而驰。邓尼茨认为，德国的地理位置不适合建立战斗群在大西洋上使用。他最初的设想是尽快给他 300 艘 U 型潜艇（简称 U 艇），100 艘用于攻击敌方船队，100 艘往来于战场与基地之间，另外 100 艘则在基地整修。U 艇战术的目的是切断英国的贸易航线，也就是英国的生命线。今天研究战争史的人都认为邓尼茨的见解是正确的，但希特勒选择了 Z 计划。

> 作为德军潜艇部队的指挥官，"狼群战术"的始作俑者邓尼茨，著有《第二次世界大战中的德国潜艇》《十年和二十天》《我风云变幻的一生》《第二次世界大战中的德国海军战略》等。

狼群战术

邓尼茨认为击败英国的关键在于切断其海上交通线，以经济战来击败海上强国英国，而最适合执行这一战略任务

> 1945 年 4 月 30 日，希特勒在德国总理府地下室的避弹室开枪自杀，在死前一天，他留下了一份政治遗嘱。在这份遗嘱里，他选择了海军司令邓尼茨为继承人，任命其为德意志帝国总统和国防军最高统帅。

▲ [卡尔·邓尼茨的权杖]

德国元帅权杖来源于古罗马的权杖。古罗马的权杖是把一节木头（也有羊皮筒），中间掏空，放上写好的命令，封死后让传令兵传递。随着传令节的通信作用逐渐被电话、电台取代，昔日传令的筒状物也蜕变成"元帅杖"，元帅权杖成了象征个人成就的最高奖赏，用以象征元帅的责任和权威。

的莫过于潜艇。他主张大量建造中、小型潜艇，对商船进行袭击战，破坏英国大西洋海上交通线。在潜艇的使用上，他强调把潜艇派到对方运输频繁而防御薄弱的海区活动，以取得最大的战果。在作战手段上，他主张采取"狼群战术"，即多个潜艇集群作战，实施近距离夜间水面攻击。德国潜艇运用此种战术击沉了大量英国船只，曾给同盟国海上运输造成严重后果。这种避重就轻的做法在实战中取得了骄人的战绩——德国U艇击沉了2603艘商船和175艘盟军海军舰艇。

U艇战的结果是，德国损失了其1162艘U艇中的784艘，28 000余人丧生，5000人被俘；盟军损失了70 000余人。

▲ [1942年期间的《时代》杂志封面人物——卡尔·邓尼茨]

功过是非

1945年，邓尼茨被希特勒任命为总统。希特勒自杀后，他还在对德国国民的广播中发表了悼词。

邓尼茨做了三个星期挣扎在死亡线上的德国总统。他决定继续同东方作战，以免使德国军民陷入俄国人手中。为此，他还请求英、美帮助，他的要求被艾森豪威尔严词拒绝。邓尼茨本人最后被投入俘虏营。

在国际军事法庭受审判的时候，邓尼茨被指控的罪行是：指挥罪恶的海战和参与侵略战争的准备工作。他也被判处有期徒刑10年。

邓尼茨一手缔造了德国海军的军魂——不屈的U艇精神。他亲自选拔和训练潜艇部队官兵，不遗余力地向他们灌输自己的作战思想。他视潜艇兵为自己的孩子，每当潜艇出海归来他都亲自到码头迎接，官兵们称他为"教父"，对他无比忠诚。在德国战败后，大多数U艇的艇长拒绝向盟军投降——船员将U艇浮上水面，在北海及波罗的海各处都有U艇爆炸自沉。

争夺公海制海权
莱茵哈特·卡尔·弗里德里希·冯·舍尔

图说海洋 影响历史的海洋人物

莱茵哈特·卡尔·弗里德里希·冯·舍尔（1863—1928年），是德意志帝国海军上将，日德兰海战中德国公海舰队指挥官。

莱茵哈特·卡尔·弗里德里希·冯·舍尔1863年9月30日生于汉诺威的奥伯恩基兴。父亲是朱利叶斯·舍尔，母亲的名字是玛丽·莱茵哈特，舍尔的名字看起来和她有关。舍尔似乎很珍惜自己的名字，以至于当德皇授予他贵族头衔后，他拒绝在名字中使用"冯"字，而是保持原状。

1879年，16岁的舍尔作为海军军校生加入德国海军并成为候补军官。

在19世纪80年代，舍尔建立了作为鱼雷专家的声望。他仕途很顺利，1913年12月9日晋升为中将。作为潜艇作战的强力支持者，自1914年8月德国宣布参与第一次世界大战后，舍尔计划和实施了德国潜艇对英国海岸线的直接袭击，他精心使用水面船只作为诱饵将英国战舰引入潜艇埋伏好的公海海域。

日德兰海战

1916年1月24日舍尔取代胡戈·冯·波尔成为德国公海舰队的指挥官后，雄心勃勃地决定改变前任采取的消极态势。他计划削减对手英国皇家海军的优势，

▲ [莱茵哈特·卡尔·弗里德里希·冯·舍尔] 退役后的舍尔在魏玛定居，专心撰写战争回忆录《世界大战中的德国海军》。本书于1919年出版，并在一年后出版了英文版。

日德兰海战是第一次世界大战中规模最大的海战，也是这场战争中交战双方唯一一次全面出动舰队主力的决战，最终，舍尔率领的德国公海舰队以相对较少吨位的舰只损失击沉了更多的英国舰只，从而取得了战术上的胜利。战后结束了以战列舰为主力舰的海战史。

于是果断地决定在1916年5月下旬将英国舰队拖入一场战斗，他的意图在于分散英国舰队以便可以进行各个击破。

而另一边的英军恰好也打算使用一支舰队作为诱饵，使德国公海舰队陷入重围，这就是日德兰海战起因。

▲ ["德弗林格"号战列巡洋舰]
日德兰海战中，一艘德国战列巡洋舰成为最耀眼的明星，这场战斗完全成为德国"德弗林格"号战列巡洋舰的表演舞台。

双方的作战计划，导致了这场战斗异常混乱和充满风险，但凭借着舍尔的努力，德国公海舰队在陷入重围后通过漂亮的机动突出重围，免于溃灭的命运。

日德兰海战中，英海军伤亡远大于德海军。因此，舍尔于1916年6月5日晋升为海军上将，同时获得蓝马克斯勋章。

推行"舍尔计划"

第一次世界大战后期，无论是德皇威廉二世还是舍尔都不愿再次冒险让德国公海舰队在战斗中面对英国皇家海军。更恐怖的是，德国被英军封锁，船舰只能在海岸附近的水域游弋。舍尔继续努力想打破德国海军所处的被动局面，于是大力鼓吹无限制潜艇战，并推动所谓的"舍尔计划"，即提升军工能力，以达到每月生产36艘潜艇的目标。但是他的努力收效甚微，德国公海舰队的士气也因此不断下降。

1918年8月8日，舍尔被任命为海军部部长，这个职位使舍尔成为实际的德国海军最高指挥官。

在第一次世界大战结束前夕，舍尔计划对英国舰队发动大胆的自杀性进攻，想通过这样的方式来突破困局，但是因遭遇了基尔水兵起义，计划被搁置下来，没有被执行。

11月9日，舍尔被威廉二世免职。在12月新的德国共和政府成立后，舍尔于12月17日正式退役。

舍尔是一位雄心勃勃并有卓越能力的指挥官，勤奋而且意志坚定，但并非独一无二。他在1916年的日德兰海战中表现出了勇敢、进取和富于竞争的精神，但这对改变当时德军战略形势却毫无作用。

"无限制潜艇战"是德国海军部于1917年2月宣布的一种潜艇作战方法，即德国潜艇可以事先不发警告，而任意击沉任何开往英国水域的商船，其目的是要对英国进行封锁。

1914年8月，俄国在芬兰湾口击沉德国"马格德堡"号轻巡洋舰后，俄国潜水员在德国军舰残骸里意外发现了一份德国海军的密码本和旗语手册，并将其提供给英国，使英国海军部轻而易举地破译了德国海军的无线电密码。

蓝马克斯勋章，又名功勋勋章，普鲁士和德意志帝国军队最高勋章。1667年，腓特烈大帝创立该勋章，以法语命名为"Ordre de la Générosité"（勇敢勋章）。1740年，腓特烈二世将其更名为"Pour le Mérite"勋章（意为"功勋勋章"）。在1740—1810年间，该勋章用于对军事和民政杰出功绩者的表彰。1810年后，腓特烈·威廉三世规定蓝马克斯勋章只能授予军事方面的突出贡献者。

德国远洋舰队之父
阿尔弗雷德·冯·提尔皮茨

图说海洋 影响历史的海洋人物

> 阿尔弗雷德·冯·提尔皮茨(1849—1930年)曾任德国公海舰队总司令,他提出"风险理论",希望扩充德国海军以达到抑制英国海军的目的。

阿尔弗雷德·冯·提尔皮茨出生于1849年5月10日,16岁时加入普鲁士海军,成为基尔海军学校的一名学生。4年后,他被任命为一个小型鱼雷舰队的指挥官,巡航于英吉利海峡。

在普法战争期间,弱小的德国海军大部分时间待在海港中不敢出战,这令作为德军将领的提尔皮茨心中充满愤怒,为了能打破这种海军劣势,他开始对潜艇作战的威力产生了浓烈的兴趣,并展开积极的学习研究。到19世纪80年代,提尔皮茨已经成为潜艇作战的专家,曾一度有普法再开战就用潜艇突击法国瑟堡港的想法,时任德海军部长的列奥·冯·卡普里维非常支持他发展鱼雷潜艇的计划。

1887年他护送威廉王子去英国参加他外祖母维多利亚女王继位50周年庆典,由此结识了后来的德意志帝国皇帝。1888年亚历山大·冯·德蒙接任德海军部长,鱼雷部队不再被重视,提尔皮茨被调到波罗的海指挥巡洋舰。

当时威廉已成为皇帝,曾询问过提尔皮茨对海军发展的想法,他认为应该

▲ [阿尔弗雷德·冯·提尔皮茨]

建立战列舰队，于是他就被调到北海筹建大洋舰队。1892年，他被任命为海军参谋长，当时德国海军的思想还是远洋破交战，提尔皮茨认为没有战列舰保护的巡洋舰是无法在远洋生存的，但他的观点不被接受，他提出辞职，被威廉挽留。

1895年他成为海军少将。1896年英德关系恶化，德皇需要一支强大的舰队来增加外交发言权。当时的德国海军只是一支近海防御力量，而英国海军正值全盛时代，不但拥有规模庞大的舰队，而且拥有最优秀的人才，这支舰队守卫着从加拿大到澳大利亚、从印度到南非的几千万平方千米的殖民领地。英国皇家海军的战斗力对德国具有绝对优势。德国要想实现其野心，必须认真考虑这一严酷的事实。面对如此局势，德皇威廉二世非常着急，一直在为加强海军力量寻找出路。在一次宴会上，提尔皮茨提出了"风险理论"的策略，立刻引起了他的注意，二人深谈之后，1897年提尔皮茨升任德国海军大臣，威廉二世全力支持提尔皮茨扩充德国海军力量。

风险理论，说简单些就是抑制英国海洋霸主地位的办法。英国海军分布于各个海域，而德国只针对北海区域，风险理论的方法就是加速制造海军舰队。既然无法短时间内在技术上追赶英国，那就要在数量上赶超英国海军。一旦德国战舰的数量追至英国海军的2/3左右，提尔皮茨认为，英国为了巩固自己的海

▲ [手拿三叉戟的阿尔弗雷德·冯·提尔皮茨]
德皇威廉二世曾说："手持三叉戟的海神尼普顿的形象，乃是吾辈必须完成的新使命之象征。无论在世界的何地，我们都必须对德意志的国民加以保护；而且无论在世界的何地，我们也必须维护德意志的荣誉！"

洋霸主地位，就会不得不承认德国海军第二霸主的地位。

1898年，提尔皮茨提出第一舰队组建计划，并颁布实施了《海军法》，第一舰队将会包括两个分舰队，有17艘战列舰、9艘大型巡洋舰及26艘小型巡洋舰和其他小型舰只。这个规模的建设计划将使德国舰队与法国比肩，初步具有挑战英国的能力，计划于1905年完成，总耗资近4085亿马克。为了获得资助，提尔皮茨充分利用了民间力量，一边寻找当时的富翁支持，一边还积极利用报

纸杂志动员全国的"海军热情"。提尔皮茨雄心勃勃，毫不掩饰他想建设一支足以与英国皇家海军匹敌的舰队。

随后，1900年他又提出了新的计划，计划在17年内，使德国海军拥有一支包括2艘旗舰、36艘战列舰、11艘大型巡洋舰和34艘小型巡洋舰的舰队。德国的海军热情一时间全员高涨。

面对着德国的咄咄逼人，英国人决心保住它的海上霸主地位，也加大了制造战舰的力度，本来计划在1906年下水的新式"无畏"号主力战列舰，此前因为财务压力，稍稍放缓，但由于德国人的刺激，时任英国海军大臣的丘吉尔下令开始加速建造。

一时间，两国开始了"生产大比拼"。1911年，提尔皮茨升为德国公海舰队总司令，并晋升为拥有4颗将星的元帅军衔，提尔皮茨继续实施着他的计划，他想通过加强德国海军实力，达到"不战而屈人之兵（此兵指英国）"的效果。提尔皮茨获得了"永远的提尔皮茨"这样一个称号。这个称号是因为德皇威廉二世身边的人如走马灯一般来来往往，只有提尔皮茨始终保持权力。即使是皇帝的兄弟海因里希，在和提尔皮茨争吵之后，也被德皇以晋升的方式调离岗位。

第一次世界大战爆发后，将各国卷入其中，德国的海军力量在战斗中接受了检验。虽然有日德兰海战这样的胜利，但总体来说，没有对全局带来太多帮助，德国最后以战败国收场。提尔皮茨提出的战略遭受质疑，提尔皮茨于1916年3月委婉地提出辞呈以表示抗议。面对英国这样过于强大的敌人和对海军期望过高的皇帝，"永远的提尔皮茨"最后还是失去了宠爱，被排挤和冷落。

1919年，提尔皮茨出版了他的自传《我的回忆》。1930年3月6日，提尔皮茨死于伊本豪森，并被埋葬在慕尼黑的一个公墓中。提尔皮茨一生虽未能使德国海军横霸天下，但作为德国远洋舰队之父，他当之无愧。

▲ [德意志帝国海军元帅银章——阿尔弗雷德·冯·提尔皮茨]

> 德皇威廉二世是一个自幼就对海军有一种特殊喜好的人。在他还是皇孙时，在看到英国皇家海军的强大阵容后就让他有了羡慕之情，于是在继位后，他内心的虚荣心令他不甘受制于人，于是与曾经的辅政大臣俾斯麦产生了尖锐的对立，逼迫其辞职，而令自己的计划顺利实施。

另类鬼才
托马斯·科克伦

托马斯·科克伦（1775—1860年），被叔叔带进海军，从此一发不可收拾，但由于"年轻气盛"，未能在英国做出多大的功绩，却名扬南美几国。

托马斯·科克伦1775年出生于英国拉纳克郡的阿内斯福尔德。1793年，18岁的科克伦加入其叔叔指挥的一艘军舰，开始在皇家海军中服役。1809年，在一次与法国军舰的作战中，科克伦利用火烧法国战船，在战况很好的情况下，却因他的指挥官甘比尔海军上将未能及时跟进，结果功亏一篑。科克伦大怒，臭骂了甘比尔海军上将，结果被送上军事法庭。虽说这次他被宣布无罪，但是由于年轻气盛，不久他又耍起了性子，大骂海军管理司。1814年，他因为臭名昭著外加被诬陷欺诈罪，被踢出了英国皇家海军。

任职智利海军司令

被踢出英国皇家海军的科克伦揣着望远镜和航海图，远赴大洋彼岸，搞革命去了。

1817年，智利海军成立，非常缺海战人才，正好科克伦来了，领袖圣马丁非常高兴，马上任命科克伦为智利海军司令。这个在自己国家被搞臭了的军官

[科克伦雕像]

在别人的国家成了海军统帅。由于智利海军军舰少，科克伦就带领他们干起了海盗的营生，通过海上封锁、炮击海岸、登陆袭扰，连续挫败西班牙军队，还偷袭了西班牙在南美沿海的重要海军基地，俘虏了西班牙的最强战舰"埃斯米拉达"号，科克伦打破了西班牙对南美海岸的控制。

科克伦对控制南美海岸的西班牙进行了严厉的打击，在他的配合下，圣马丁将军解放了智利和秘鲁。革命成功后，科克伦成了英雄，不过不安于现状的他离开了智利。

任职巴西海军司令

科克伦的革命激情还没熄灭，他是天生的战士，从智利离开后他来到了巴

海洋军事人物

西。当时巴西为了摆脱葡萄牙人的控制，正在如火如荼地进行独立战争，科克伦的到来使巴西人民很激动，便把刚诞生没多久的巴西海军交给他指挥。1823年，科克伦率领巴西的2艘护卫舰，通过偷袭骚扰等手段和葡萄牙由60艘运输船、30艘战舰组成的舰队周旋，将葡萄牙舰队搞得疲惫不堪，最后迫使葡萄牙舰队回国，为巴西独立起到重要作用。巴西独立了，科克伦又没事干了。

任职希腊海军司令

当他听说希腊人民在反抗土耳其统治，革命事业很红火时，1825年他又来到了希腊，受雇指挥希腊海军，参加反对土耳其统治的独立战争，由于希腊政府对他的支持不够，作用不显，1828年他回到了英国。

稀奇古怪的想法

回国后，科克伦恢复了自己的名誉，同时也恢复了官职，还在1851年被提升为海军少将，但是没有了战争的机会，科克伦无所事事，经常琢磨各种稀奇古怪的战争方式，比如：他琢磨用蒸汽动力来改进当时的军舰，又琢磨了一种接近敌人目标后可以爆炸的舰船。另外，他还是世界上第一个考虑把毒气用在战争中的人，所幸的是英国皇家海军觉得科克伦的"化学战"不靠谱，于是就给封存了。

1860年10月30日，科克伦在伦敦

▲ [科克伦肖像]

科克伦著有《水手自传》一书。

科克伦因为散布关于拿破仑退位的谣言以在证券交易中大捞一笔的阴谋而受审，被判处徒刑，因而被逐出议会，并被褫夺1809年因战功而获得的巴兹勋位。此时的科克伦陷入人生低谷，幸得智利邀请，才有了用武之地。

去世。科克伦在英国海军中的影响不大，但在智利、秘鲁和巴西等南美国家看来，他是一位有着革命热情的海战英雄，堪称历史上最出色的"海上游击战"专家。他称不上是伟大的海军统帅，但绝对是历史上最传奇、最具特色的海军统帅。

巨舰大炮时代的启动者
约翰·阿巴斯诺特·费舍尔

约翰·阿巴斯诺特·费舍尔（1841—1920 年），是英国皇家海军历史上最杰出的改革家，他对英国海军各个领域都进行了广泛的探索，是英国得以在第一次世界大战中确保海上优势的推手。

费舍尔 1841 年 1 月 25 日出生在锡兰的一个军人家庭。13 岁时便作为少年水手加入了英国皇家海军，1854 年 6 月 12 日在著名的特拉法尔加战役中，费舍尔在纳尔逊的旗舰"胜利"号上服役。进入海军以后，费舍尔一心研究武器与战术，渐渐地展示出卓越的才能。

1874 年，33 岁的费舍尔晋升为海军上校。1876 年，他创设了被称为"弗农"号的独立组织，以专门负责鱼雷和水雷作战的训练。1882 年，费舍尔提出了燃油引擎的改造建议，这项改变使得舰队的活动半径大约是之前舰队的 4 倍。

1890 年，费舍尔晋升为海军少将，担任朴次茅斯海军造船总监，他改造了雷击舰驱逐舰，对抗因鱼雷产生的威胁，并打破了法国以大规模的轻型鱼雷舰控制英吉利海峡的计划。这是后来驱逐舰的鼻祖。

1904 年 10 月 21 日，63 岁的费舍尔担任英国海军第一海务大臣，面对新兴的德国海军力量，英国海军需要更快速的更新、升级，而实施这一计划的正是费舍尔。费舍尔把英国海军中老旧的舰队全都拆解

▲ [约翰·阿巴斯诺特·费舍尔]

海洋军事人物

重新利用，用省下来的钱建造新的"无畏"号战列舰。历经不到10年的时间，费舍尔的新战舰队就取代了英国海军中大部分的老战舰。1909年，他更是设想为英国皇家海军建造无敌级战列巡洋舰，这种舰只采用战列舰的火炮，牺牲装甲防护以提高速度，通过远距离与敌舰交火。但是这个设想由于1909年他被迫退休而中止。

1910年，费舍尔辞职了，原因很简单，由于他残暴和冷酷的执政，令对手找到了可乘之机，但是丘吉尔的上台，又让费舍尔的计划得以执行。1914年，第一次世界大战爆发，时任海军大臣的丘吉尔把费舍尔继续聘为第一海务大臣，虽然有着无数的反对之声，但这二人的合作，使英国主力战列舰在马尔维纳斯群岛大获全胜；之后英国海军更是击沉了德国赫赫有名的重火力高航速巡洋舰"布吕歇尔"号。

但后来在达达尼尔海战中，费舍尔与丘吉尔的战略大相径庭，两人为此争论不休，费舍尔对丘吉尔的自以为是忍无可忍，愤而辞职。此后这位海军强人再未发挥任何作用，1920年7月10日，79岁的费舍尔在伦敦病逝。

费舍尔的冷酷无情、严厉苛刻令人望而生畏，但他独特的战略眼光和管理才能又令人钦佩。在英国与德国的海洋战舰"生产大比武"中，引导世界各国开创了海军史上的"巨舰大炮时代"，由他设计建造的"无畏"号战列舰在航母出现之前，一直是海战中的巨兽。

▲ [1902年名利场中的费舍尔漫画]

"无畏"号战列舰是英国皇家海军设计的一种划时代的战列舰。它远优于同时期的同类军舰。它采用统一弹道性能的主炮，不仅使得战舰的火力提升，而且舰上的指挥人员能够统一指挥所有主炮瞄准相同目标进行齐射，用覆盖式的火力投射范围来提高主炮的命中率。根据英国人自己的测试，采用统一指挥火控的"无畏"号相比之前的战列舰，命中率提升了5倍以上。

战争的本质是暴力，战争中的中庸便是低能。

——费舍尔

天才军事家
尼古拉·格拉西莫维奇·库兹涅佐夫

库兹涅佐夫（1902—1974年）是第二次世界大战时期的苏联海军总司令，军事家，苏联海军元帅，"苏联英雄"称号获得者。在斯大林晚年和赫鲁晓夫时期曾两度被解除职务降级。这是苏联海军中的传奇人物。

库兹涅佐夫1902年7月11日夫出生于德维纳河流域的麦德维德卡村。自幼丧父，在教会学校学习了几年简单的认字。1919年，17岁的库兹涅佐夫应征入伍，加入了红海军北德维纳河区舰队。因为聪明好学，次年进入海军学校学习，毕业后加入了黑海舰队。27岁时，被斯大林选中送入海军学院深造，1932年毕业后在"红色高加索"号巡洋舰担任大副，次年升任舰长。

出任海军人民委员兼海军总司令

1936年7月，库兹涅佐夫出任苏联驻西班牙大使馆海军武官兼西班牙海军总顾问。之后，库兹涅佐夫升任苏联太平洋舰队司令，被授予海军中将军衔，带领苏联舰队对抗日军在张鼓峰一带的挑衅，因为战功显著，不足37岁的库兹涅佐夫不久出任苏联海军人民委员兼海军总司令。

▲ [库兹涅佐夫元帅]

"我的整个生命和红海军紧密联系着，我年轻时就做出了这个选择，并且永不后悔！"——库兹涅佐夫

海洋军事人物

图说海洋

影响历史的海洋人物

["库兹涅佐夫海军元帅"号航空母舰]

"库兹涅佐夫海军元帅"号（姊妹舰是"瓦良格"号，"辽宁"舰的前身）航空母舰是苏联和俄罗斯第一艘真正意义的航空母舰，是世界上第一艘同时拥有斜直两段式和滑跃式飞行甲板的航空母舰，也是俄罗斯海军如今唯一一艘在役的航空母舰。1982年4月1日开始建造，1991年正式服役，现部署于俄罗斯海军北方舰队。

为粉碎法西斯进攻做出了贡献

库兹涅佐夫在担任苏联海军总司令职务期间合并了波罗的海沿岸各国海军，获得了更多的海军基地，以对抗法西斯的侵略。为了更好地打击法西斯，库兹涅佐夫组织并实施了十次轰炸柏林的行动，均获得成功，沉重打击了纳粹德国。库兹涅佐夫为粉碎法西斯进攻做出了贡献。

两次被降职

战后，因政治斗争库兹涅佐夫被解职并被多方审查，但没有发现问题，1953年，库兹涅佐夫再次被斯大林重用，担任国防部第一副部长兼海军总司令，获得苏联海军元帅军衔。但是好景不长，1955年10月，苏联战列舰"新罗西斯克"号在塞瓦斯托波尔港爆炸沉没，库兹涅佐夫因担负失察之责，年底被解除职务，第二年2月被降为海军中将并退役。

库兹涅佐夫是2次"苏联英雄"称号获得者，同时还获得了9枚列宁勋章、3枚红旗勋章、3枚一级乌沙科勋章、3枚一级纳西莫夫勋章等。1991年，世界上第一艘同时拥有斜直两段式飞行甲板和滑跃式飞行甲板的航空母舰，也是俄罗斯海军如今唯一一艘在役的航空母舰就命名为"库兹涅佐夫海军元帅"号，其姊妹舰就是"瓦良格"号，也就是"辽宁舰"的前身。

1974年12月6日，库兹涅佐夫带着遗憾在莫斯科去世，终年72岁，葬于红场克里姆林宫宫墙下。直到1988年，苏联政府才恢复了他苏联海军元帅军衔，充分肯定了这位海军统帅的历史地位。为了纪念他，1991年服役的俄罗斯航母被命名为"库兹涅佐夫海军元帅"号。

海洋科技人物

Marine Science and Technology Figures

第一艘螺旋桨战舰发明者
约翰·埃里克森

约翰·埃里克森（1803—1889年），是瑞典裔美国海军工程师，他是19世纪最具创造力的工程师和发明家，发明了热式发动机、改进了螺旋桨推进器等，后来又以他所设计的在美国内战中使用的"低舷铁甲舰"而闻名。

1803年7月31日，埃里克森出生于瑞典的韦姆兰郡。青年时代曾加入瑞典军队，23岁时移居英格兰。在那里，他开始研究螺旋桨在船上的使用、火炮的改进和用热空气代替蒸汽驱动发动机等。

1836年，他在澳大利亚人罗素使用的螺杆基础上，发明了具有划时代意义的推进工具——螺旋桨，并取得螺旋桨发明专利，于1837年在伦敦设计建造了第一艘用螺旋桨推进的实用船。这引起了美国政府的高度重视，并邀请埃里克森参加美国海军，埃里克森欣然同意。

制造"普林斯顿"号军舰

1844年，埃里克森为美国海军设计建成了世界上第一艘使用螺旋桨的战舰"普林斯顿"号。该舰是第一艘在船体水线以下安装蒸汽发动机，并由螺旋桨驱动的铁甲蒸汽军舰。

就在"普林斯顿"号军舰下水时，带有来复线的舰炮也研制成功了，该炮被安装在"普林斯顿"号舰首。2月28日，

▲ [约翰·埃里克森]

埃里克森邀请了包括美国总统约翰·泰勒及其夫人在内的军政要员随舰观看发射试验，但在火炮试射时发生了爆炸，当场炸死了美国国务卿、海军部长以及几名议员。大炮爆炸的原因在于炮弹在来复线上卡得太紧，炮壁无法承受炮膛内的瞬间压力。后来，借鉴此次惨痛的经验，舰上被改装为"俄勒冈"炮，最终试航取得圆满成功，由于该舰装配有螺旋桨，航速快、火炮威力大，在当时

▲ ["莫尼特"号铁甲舰抗击了南部同盟军的"弗吉尼亚"号铁甲舰]

被称为"海上霸王"。

"莫尼特"号铁甲舰

美国内战期间,埃里克森为北方联邦海军建造了由蒸汽机带动螺旋桨驱动、装有旋转炮塔的"莫尼特"号铁甲舰。当时的舰艇上装载的火炮都是固定的,不能旋转,所以装有旋转炮台的"莫尼特"号更加灵活机动,这是海军兵器史上的一次重大革新。

在1862年3月9日爆发的汉普顿海战中,北方联邦海军的"莫尼特"号铁甲舰抗击了南部同盟军的"弗吉尼亚"号铁甲舰。"莫尼特"号铁甲舰开创了现代军舰的新时代。

埃里克森在终生从事热能研究的同时,还进行了其他方面的研究和发明,诸如从海水提取盐的装置、通风扇、舰载测深仪,以及太阳能利用等。他的许

▲ ["莫尼特"号的锚]
此锚现在陈列于位于美国加利福尼亚州旧金山市的美国国家海事博物馆。

多发明都超越了所处时代的技术水平,为此他受到世人的尊敬。

1889年3月8日,埃里克森在纽约逝世,其遗体1890年被运往瑞典。

海洋科技人物

挑战深海
奥古斯特·皮卡德

奥古斯特·皮卡德（1884—1962 年），20 世纪最著名的探险家，密封压力舱原理的发明者，也是世界上第一个飞上同温层的活人，他设计的深潜器成功载人下潜至 4176 米的深海。

奥古斯特·皮卡德 1884 年 1 月出生在瑞士的巴塞尔，他的父亲是巴塞尔大学的化学教授，不过皮卡德并没有继承父亲的事业，他对机械和物理更有兴趣。他从瑞士苏黎世大学的机械工程专业毕业后，就被聘为比利时布鲁塞尔大学的教授，那年他才 20 岁。

在 20 世纪初时，曾盛行吊篮式升空气球，但这种气球无法克服高空严寒和空气稀薄对飞行员生命的威胁，升空高度受到影响。皮卡德设计出了一种铝制的密封舱，解决了这两个问题。1913 年，29 岁的皮卡德乘坐自己设计的气球，垂直上升到了 16 165 米的高空，到达了平流层，安全飞行了 16 个小时，飞越了德国和法国的上空。这次创纪录的飞行，使皮卡德成为世界上第一个飞上同温层的活人，他用肉眼观测到了地球的曲率。他还帮助好友爱因斯坦收集了许多关于宇宙射线的第一手数据。在 20 世纪 30 年代，他一共尝试了 27 次飞行，创造了 23 000 米的高空飞行纪录。

1933 年，49 岁的皮卡德在美国芝加哥认识了正在从事深海探险工作的美国动物学家毕比。毕比描述的深海景象，深深吸引了皮卡德。这促使他将研究方向转向了深海。皮卡德是一位知识渊博、精通机械的科学家，又是一位勇敢顽强、不畏艰险的探险家。

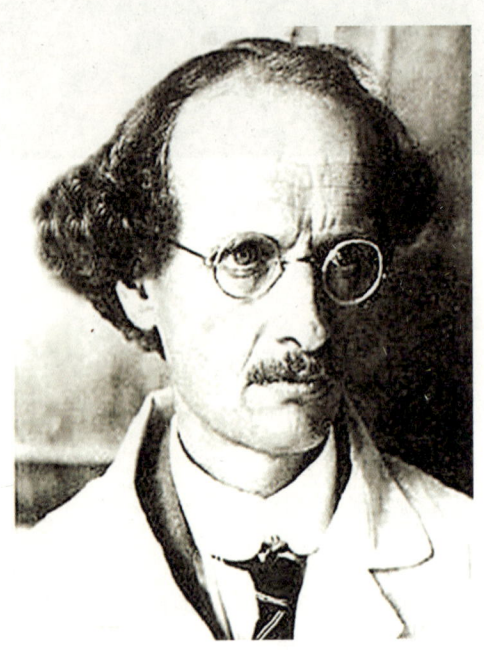

▲ [奥古斯特·皮卡德]

> 没有冒险精神就没有人类文明。历史上许多科学家凭借对自然的敬畏、对未知世界的好奇，痴迷探索，执著于发明，奥古斯特·皮卡德就是他们中的一员。著名的《丁丁历险记》里的向日葵教授就是以他为原型塑造的。

▲ [奥古斯特·皮卡德]

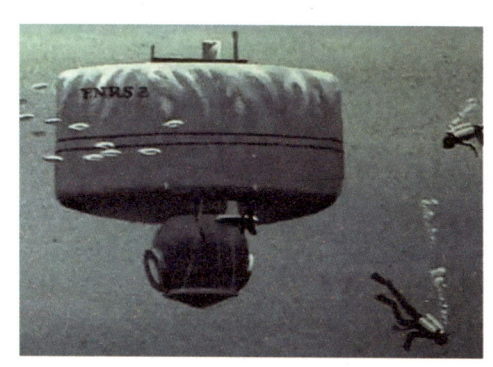

▲ ["FNRS-2"号深潜器]

有一位作家曾这样总结皮卡德祖孙三代："这三个人最疯狂的梦想是变成鱼或变成鸟。不过，很了不起的是，他们最终梦想成真。"

海洋科技人物

皮卡德一家祖孙三代都各自创造了当时世界上的纪录。奥古斯特·皮卡德是世界上第一个飞上同温层的活人；他的儿子雅克·皮卡德是世界上潜水潜得最深的人，他曾于1960年1月乘潜水器到达10 916米深的马里亚纳海沟的"挑战者深渊"，创下了人类探索海洋的最深纪录；他的孙子伯特兰·皮卡德则是世界上第一个驾驶气球不间断成功环绕地球的人。

他解决了深海探险的三大难题：一是水中呼吸；二是压力；三是深潜器的上浮问题。1948年，64岁的皮卡德乘坐自己设计的深潜器"FNRS-2"号下潜到了25米，并安全返回。最初这艘潜水艇并没有打算载人下潜，经过几次成功的无人下潜后，奥古斯特将它赠给了法国。法国海军对其进行了改造，最终成功载人下潜至4176米的深海，又破了当时的深潜纪录。

送走了试水之作"FNRS-2"号之后，奥古斯特又建造了自己的第二艘深海潜艇，命名为"的里雅斯特"号，他的儿子雅克·皮卡德担起了挑战深海的重任。1960年，在美国海军的帮助下，雅克和海洋学家沃什乘"的里雅斯特"号潜入了马里亚纳海沟，创下了人类探索海洋的最深纪录。

1962年，奥古斯特·皮卡德这位曾上天入海的探险家去世。

海洋科技人物 | 121

第一个航海大数据采集人
马修·方丹·莫里

马修·方丹·莫里（1806—1873 年），是美国著名的海洋学家、海军军官、水文学家，还是海洋学创始人之一。

受伤后只能离开热爱的舰船

马修·方丹·莫里 1806 年 1 月 14 日出生于弗吉尼亚州的弗雷德里克斯堡附近；1825 年进入海军学校学习，18 岁作为海军学校的学员加入了美国海军，直到 1830 年他完成了环球航行。他本是一位很有前途的美国海军军官，但 1839 年，在前往双桅船"合奏号"接受一个新任务时，他乘坐的马车突然滑出了车道，瞬间倾倒，把他抛到了空中。他重重地摔到了地上，大腿骨粉碎性骨折，膝盖也脱臼了。当地的医生帮他复位了膝盖关节，但大腿受伤过重，不得不进行手术。

▲ [马修·方丹·莫里]

经过近 3 年的休养，他的伤才基本痊愈，但是受伤的腿却留下了残疾，变得有点儿跛，再也无法在海上工作。美国海军把他安排进了办公室，并任命他为海图仪器库的负责人。

主持海图仪器库工作期间

马修·方丹·莫里在主持海图仪器库工作期间，研究了大量航海图和航海日志，并绘制出大西洋风浪与风浪图，莫里专门研究了墨西哥湾流的运行路线（早在 1769 年本杰明·富兰克林曾对此做过研究）。他对湾流作了如下精辟的描述："大西洋中有河流。"莫里整合了数据之后，把整个大西洋按经纬度划分成了 5 块，并按月份标出了温度、风速和风向，因为根据时间的不同这些数据也有所不同。整合之后，这些数据显示出了有价值的模式，也提供了更有效的航海路线。

> 1850 年，莫里绘制了一幅海洋深度分布图，为铺设横跨大西洋的海底电缆创造了条件。

> 1855 年，他出版了第一部海洋学教程《海洋自然地理》。该书在当时极受欢迎，但是因为莫里顽固坚持圣经中的说教，拒不考虑海洋的进化变迁，因而损害了这部书的价值。

> 1853 年在布鲁塞尔召开了一次国际会议，而莫里是这次会议的积极倡导者。

◀ [美国海军军官学校徽标]

"安纳波利斯海军学院"位于马里兰州首府安纳波利斯，也就是美国海军军官学校，也称之为美国海军学院（United States Naval Academy，缩写 USNA），是爱国者联盟盟校之一。

学院的格言是"ex scientia tridens"，从字面上来翻译这句拉丁文的意思是"三叉戟是用知识铸造的"；三叉戟是希腊神话中海神波塞冬的武器，是海军力量的标志；因此，意译这句话的意思是"制海权来自知识"。2017 年 8 月，《福布斯》公布 2017 年美国大学排行榜，美国海军军官学校排名第 20。

> 莫里这个土生土长的弗吉尼亚人在美国历史上并不受关注，这也许就是莫里在美国内战期间不再为海军效力的主要原因。

大数据缩短了航行时间

莫里整理出一份全新的基于众多船长航海日志的粗略航海路线图，这张图带来的最大好处是给出了一些确定时间段内安全的航线，极大地减少了船队海上航行的冤枉路，从而缩短了航期。由纽约绕合恩角到旧金山的航行时间，从 180 天减为 133 天。莫里在观察风浪和海流运动方面走在了时代的前面，是气象预报方面的先驱者。1850 年他的航线图已为全球 95% 的商船所采用，这恐怕是最早的大数据应用了。

病毒式营销方式采集航海数据

为了获取更多的数据，莫里制作了标准的航海日志表格，发放给美国海军，要求他们在海上记录，并在返航后交回表格，这些数据采集还包括数量众多的商船，莫里让他们用自己的航海日志来交换新的航海路线图，参加莫里行动的船只还会悬挂特殊的旗帜，这可能是病毒营销的原型了。

美国内战结束

美国内战结束后，莫里受到牵连流亡墨西哥时，曾有一段时期企图联合马西米连诺一世皇帝共同建立一个弗吉尼亚人侨居地，后来莫里移居英国。一直等到 1868 年美国国内激烈的敌对情绪结束，莫里才返国，并接任了弗吉尼亚军事学院物理学教授的职务。

美国政府完全宽恕了他。在回国后长达 4 年的时间内，莫里仍然坚持自己头脑中固有的爱国主义观念。要是有机会的话，他也许早就把美国海军摧毁了。即使这样，今天在安纳波利斯美国海军学院，依然矗立着一座以他的名字命名的莫里纪念馆。1930 年，莫里被列入美国伟人纪念馆。

> 美国内战即南北战争，又称美国内战，是美国历史上一场大规模的内战，参战双方为美利坚合众国（简称联邦）和美利坚联盟国（简称邦联）。这场战争的起因为美国南部十一州以亚伯拉罕·林肯于 1861 年就任总统为由而陆续退出联邦，另成立以杰斐逊·戴维斯为"总统"的政府，并驱逐驻扎南方的联邦军，而林肯下令攻打"叛乱"州。1865 年 4 月 3 日，联邦军攻克里士满。4 月 9 日，邦联军总司令罗伯特·李将军率部 2.8 万人向联邦军投降，美国南北战争以北方的胜利而告结束，美国恢复统一。

海洋科技人物

核动力海军之父
海曼·乔治·里科弗

海曼·乔治·里科弗（1900—1986年），美国海军上将，被称为"核动力海军之父"。

里科弗是波兰裔犹太人，1900年1月27日，出生于波兰华沙北部的一个偏僻村庄。后来随做裁缝的父母移民美国，定居芝加哥。18岁那年，进入著名的美国海军军官学校学习。里科弗获得少尉军衔之后，主动要求到西海岸的水面舰艇部队任职。之后被选送到哥伦比亚大学工程学院进修，并获得该校电气工程专业的硕士学位。

1946年初，美国海军派遣了一个由5名优秀技术军官组成的小组，前往核研究中心——田纳西州橡树岭学习核技术。已获得海军上校军衔的里科弗成为小组的负责人，在核研究中心的日子里，里科弗对核动力技术完全着了迷。每当遇到难题，他总是虚心地向各方面的专家请教，并与小组其他成员琢磨检验每一个研究项目，精心核算成千上万个数据。功夫不负有心人，在很短的时间里，里科弗就从一个技术军官变成为一位核工程专家。

建造核潜艇

1948年，里科弗被任命为美国国家原子能委员会和海军船舶局两个核动力机构的主管，同时兼任核潜艇工程的总工程师。

▲ [海曼·乔治·里科弗]

里科弗把核潜艇的建造基地放在了荒无人烟的内华达沙漠中。

要在较小的空间内设计安装全新的核反应堆，利用核裂变产生热量驱动蒸汽轮机发电，使潜艇能在水下长时间高速航行，就必须确保万无一失，里科弗坚持对反应堆的每个部件都进行抗高热、抗震动试验。

1952年，核反应堆被安装在潜艇中。1953年，里科弗晋升为海军少将，同年，核反应堆开始满功率试验，持续工作，结果令人惊喜，没有发现任何致命性的损伤，标志着第一艘核动力潜艇已具备

横渡大西洋的能力。

▲ ["鹦鹉螺"号核潜艇]

"鹦鹉螺"号是以法国科幻作家凡尔纳的名著《海底两万里》中梦幻潜艇的名字命名，寓意这是一个让梦幻变成现实的伟大创举。该艇艇长97.5米，宽8.4米，水上排水量3700吨，水下排水量4040吨。

"鹦鹉螺"号开启核潜艇时代

1954年1月21日，第一艘核潜艇"鹦鹉螺"号建成下水，"鹦鹉螺"号与当时的常规动力潜艇相比，航速大约快了一半。可在最大航速下连续航行50天、全程3万千米而不需要加任何燃料。

据美国统计，"鹦鹉螺"号在历次演习中共遭受了5000余次攻击。据保守估计，若是常规动力潜艇，它将被击沉300次，而"鹦鹉螺"号仅为3次，"鹦鹉螺"号展示了核潜艇确实具有无坚不摧的作战成力。此后，"鹦鹉螺"号实施了它的北极航行，闯出了一条冰下航线。

1959年，里科弗晋升为海军中将。1973年，里科弗晋升为海军上将，后来，美国总统干脆宣布他可以无限期服役。1982年，81岁高龄的里科弗才退役。

里科弗的最大贡献在于他实现了核动力装置小型化、实用化，并将它装设在排水量和体积都不大的潜艇上，使潜艇成为世界海军强国重要的水下战略打

▲ [1959年《时代》周刊封面人物——里科弗]

里科弗很不擅长和领导打交道，他顽固、暴躁、自高自大、冷酷无情，他藐视常规军舰，保守的海军将军们不喜欢他，甚至一心想把他赶出海军，但倔强的里科弗坚决不退役，并牢牢霸占美国海军核动力舰艇权威的位置，因此美国海军高层内部戏称他为"老贼"。

击武器。

在里科弗服役的60年里，他成功地把美国海军带进了领先世界的核时代，因此他被誉为美国的"核潜艇之父"。

海洋科技人物

近代海洋学奠基人之一
约翰·默里

约翰·默里（1841—1914年），英国海洋学家、博物学家、近代海洋学奠基人之一。

约翰·默里1841年3月3日出生于加拿大的科堡，毕业于爱丁堡大学。从1868年起从事海洋生物学研究。

默里一生主要从事海洋探险考察工作和海洋生物的研究工作，尤其对海底结构、海底矿床和珊瑚礁的形成很有研究，被称为近代海洋学奠基人之一。

1872年默里参加由汤姆森领导的"挑战者"号探险队，去北极探险，他对北极附近的扬马延岛和斯匹次卑尔根群岛进行了广泛的考察。利用探险队装备的各种各样的海洋研究仪器，默里在绘制海图和对海洋生物的调查研究方面做出了重要贡献。此外他还搜集了大量海洋生物标本，这些标本后均被陈放在爱丁堡，并引起了国际海洋生物学界的注目。

1882年"挑战者"号探险队队长汤姆森逝世后，默里组织出版了《挑战者探险队科学考察成果报告》，全书共50卷。1895年他还领导了对苏格兰海域的生物考察工作。

1898年默里被封为爵士，此后他又参与了苏格兰湖和大西洋海域的探险。1914年3月16日默里逝世于苏格兰西洛锡安郡的克尔克里斯顿。

> 默里是把海洋浮游生物研究与海洋渔业调查紧密结合的先驱；他对珊瑚礁进行了深入研究，特别是对有关环礁和堡礁的成因提出了独创的见解；发现了温度假潮现象等。主要著作有《珊瑚礁和珊瑚岛的结构与成因》（1880）、《海洋深度》（与约尔特合著，1912）、《海洋》（1913）等。

▲ ["挑战者"号科学考察船]

"挑战者"号为三桅蒸汽动力帆船，船长68.9米，2300吨级，由皇家海军军舰改装而成，共有243名船员、6个科学家参加，由汤姆森爵士领导，是人类历史上首次综合性的海洋科学考察。

大陆漂移学说的创立者
阿尔弗雷德·魏格纳

阿尔弗雷德·魏格纳（1880—1930年），是德国气象学家、地球物理学家、天文学家，更是大陆漂移学说的创始人。

▲ [阿尔弗雷德·魏格纳]

阿尔弗雷德·魏格纳出事不久，德国的一艘科学考察船就从大西洋回国，带来了一个消息，在大西洋中间存在一条很长的洋中脊，那里有巨大的裂谷。他们希望魏格纳找到解决大陆漂移动力问题的办法，或许洋底的移动就能提供大陆漂移的线索。可惜他与这个消息永远地隔绝了。

1880年11月1日魏格纳出生于德国首都柏林，1910年提出"大陆漂移学说"，1912年得到证实，他也被后世称为"大陆漂移学说之父"。

1910年，德国气象学家魏格纳躺在病床上，百无聊赖中，他的目光落在墙上的一幅世界地图上，他惊奇地发现，大西洋两岸的轮廓竟是如此相对应，特别是巴西东端的直角突出部分，与非洲西岸凹入大陆的几内亚湾非常吻合。自此往南，巴西海岸每一个突出部分，恰好对应非洲西岸同样形状的海湾；相反，巴西海岸每一个海湾，在非洲西岸都有一个突出部分与之对应。

这位青年学家的脑海里突然掠过这样一个念头：非洲大陆与南美洲大陆是不是曾经贴合在一起，也就是说，从前它们之间没有大西洋，是由于地球自转的分力使原始大陆分裂、漂移，才形成如今的海陆分布情况的？

带着这种猜疑，魏格纳开始验证自己的设想。他作了一个很浅显的比喻。他说，如果两片撕碎了的报纸按其参差的毛边可以拼接起来，且其上的印刷文字也可以相互连接，我们就不得不承认，这两片破报纸是由完整的一张撕开得来的。

通过实地考察，结果令人振奋：北美洲纽芬兰一带的褶皱山系与欧洲北部的斯堪的纳维亚半岛的褶皱山系遥相呼应，暗示了北美洲与欧洲以前曾经"亲密接触"；美国阿巴拉契亚山的褶皱带，其东北端没入大西洋，延至对岸，在英国西部和中欧一带又出现；非洲西部的

图说海洋 影响历史的海洋人物

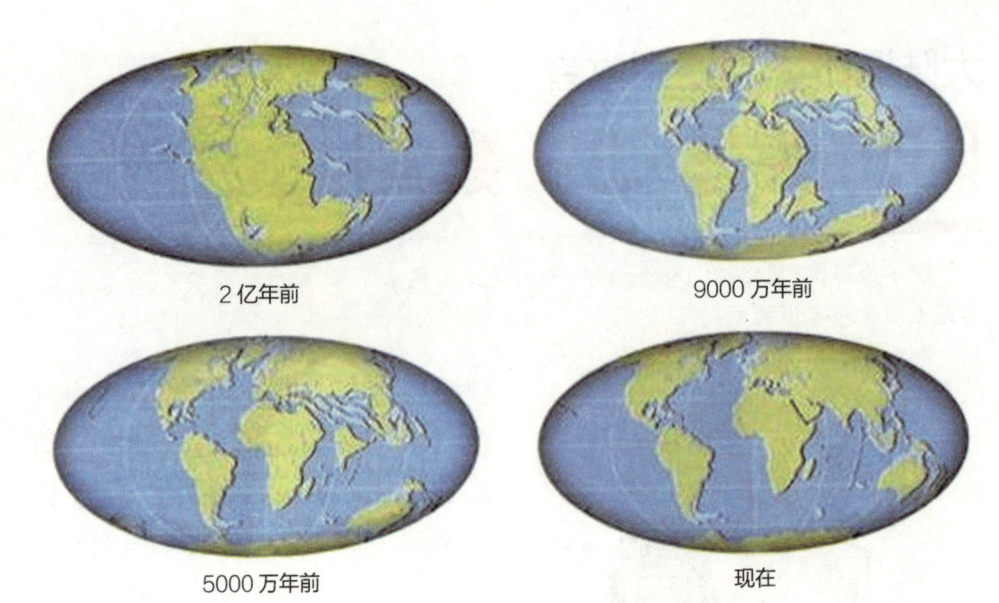

2 亿年前

9000 万年前

5000 万年前

现在

▲ [魏格纳的大陆漂移学说]

古老岩石分布区（老于 20 亿年）可以与巴西的古老岩石区相衔接，而且二者之间的岩石结构、构造也彼此吻合；与非洲南端的开普勒山脉的地层相对应的，是南美的阿根廷首都布宜诺斯艾利斯附近山脉中的岩石。

1915 年，魏格纳出版了《大陆与大洋的起源》一书，书中详细阐述了他的看法。

大陆漂移学说以轰动效应问世，震撼了当时的科学界，却很快在嘲笑声中销声匿迹。有人开玩笑说，大陆漂移学说只是一个"大诗人的梦"而已。因为这一假说难以解释某些大问题，如大陆移动的原动力、深源地震、造山构造等。

魏格纳想要再次证明自己的假说，1930 年，魏格纳第三次深入格陵兰岛考察气象，不幸长眠于冰天雪地之中，年仅 50 岁，他的遗体第二年夏天才被发现。

▲ [柏林市中心的魏格纳纪念牌]

发现"泰坦尼克"号的海洋地质学家
罗伯特·巴拉德

罗伯特·巴拉德是当代美国杰出的海洋科学家，参与过超过 120 次的深海探险考察。作为开发和使用深海潜水器的先驱，他认为人类应该把更多的目光聚焦在占地球 72% 面积的海洋上。

罗伯特·巴拉德出生在美国堪萨斯州，小时候，他非常崇拜《海底两万里》中的尼莫船长。他也像尼莫船长一样，经历了无数次海底探险，把一生都献给了海洋探险。

罗伯特·巴拉德是世界上"最伟大的海底探险家"之一，半个世纪以来，他孜孜不倦地探索着海底世界。他因发现"泰坦尼克"号残骸而声名远扬，当时他正在执行美国海军一项秘密任务。

发现"泰坦尼克"号

1985 年，巴拉德在执行美国海军交给他的一项秘密任务：寻找冷战期间消失在大西洋的两艘核潜艇——"蝎子"号和"长尾鲨"号。作为掩护，此次行动对外宣称是搜寻"泰坦尼克"号。

巴拉德的"鹦鹉螺"号科研船行驶在土耳其和希腊之间的海域时，在监控器上面出现了一个小黑点，然后慢慢地靠近变大，全体船员充满期待地用 2400 瓦电力照亮海底世界。巴拉德在监控器上看到一艘古船残骸及其装载货物，而这艘船就是闻名世界的"泰坦尼克"号。

▲ [罗伯特·巴拉德]

原本只是作为幌子，没想到真的找到了"泰坦尼克"号。

"泰坦尼克"号的发现，使巴拉德名声大噪。

发现 1.8 米长的管虫

1977 年，作为海洋地质学家，巴拉德和同伴们乘潜水器来到加拉帕戈斯裂谷，试图找出海底山脉受到张力变形的

▲ ["泰坦尼克"号遗物]

2012年是"泰坦尼克"号巨轮沉没100周年的纪念日，美国纽约格恩西拍卖行一次性拍卖了这艘沉船的5500多件遗物。

原因。他们找到了原因，但更重大的发现不是那些高品质矿藏，而是在热液口附近生存的大量的、远远超出人类想象力的奇异生物。从1.8米长的管虫到硕大的蛤蜊，还有为这些大型生物提供能量来源的细菌，所有这些都从未在人类的教科书上出现过。

发现无损的古老木船

巴拉德的另一个重要发现，是在黑海发现了一艘完好无损的古老木船。之前没有人相信，木头长期泡在水中可以保存完好，直至2000年。"在其他任何海域，你不可能看到1500年前沉入海底的一根木质船杆，"巴拉德说，"海里到处是凿船虫，它们吃掉了'泰坦尼克'号的甲板，我们此前在任何海域发现的任何沉船，都没有木头。然而奇迹却在黑海发生。"

巴拉德并不介意人们称他为"发现'泰坦尼克'号的人"，但他强调，科学是"我们"，而不是"我"。"我"什么也没做，但"我们"做了很多。巴拉德说："如果有人问我，你最伟大的发现是哪一次？我会说，下一次。"

▼ [扬帆起航的"泰坦尼克"号]

1912年，号称"永不沉没"的"泰坦尼克"号从南安普敦起航。

现代水下呼吸器的发明者
雅克·伊夫·库斯托

雅克·伊夫·库斯托（1910—1997年），世界公认的"潜水之父"，此外还被誉为"世界公民""环保斗士"。

1910年6月，库斯托出生于法国西南部的纪龙德省。他生性喜欢冒险，少年时比较顽皮，17岁时，因打破多块学校玻璃，被校方开除了。此后，他进入法国海军军官学校学习飞行，在一次致命的车祸中他的胳膊严重受伤。后来他不得不转学到了海军部，为了恢复受伤的手臂，库斯托开始学习游泳。

发明呼吸器

1937年，经过长期锻炼后，他的两只胳膊终于都恢复了健康，但他的右胳膊还是有轻微的弯曲，成了他终生的遗憾。

不过，在游泳的过程中他对海洋产生了不小的兴趣。他想知道怎样才能使人类在水下长时间活动。

以前的潜水者会配备装满浓缩氧气的罐子，但到了一定深度氧气就会变成毒气。为了能使人长时间在更深的水下活动，库斯托用了一个防毒面具、内置软管和一个氧气瓶进入水中进行实验，一次次地重复，失败，再改进，再失败，再改进……实验使库斯托确信浓缩空气

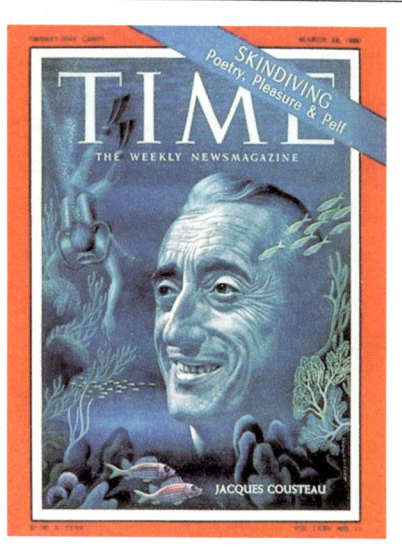

▲ [雅克·伊夫·库斯托——《时代》周刊封面]
雅克·伊夫·库斯托一生共留下了100多部纪录片，50多本书，介绍他的探险经历，普及海洋知识。

是比纯氧气更好的选择。

1942年12月，库斯托和液态空气工程师爱米尔·加朗合作完成了两项发明：水肺和单人潜水器。在潜水史上，这两项发明具有开创性意义，它使得"蛙人"能潜到大海深处去，库斯托也实现了在水下长时间活动的理想。

呈现海底的色彩

库斯托背着自己的发明进行了数百次的潜水，水下异常美丽的景色令他欣喜若狂，他决定要分享这种美丽并采取了切实的行动——他在摄像机外面安装

海洋科技人物

了一个防水容器，外接照相机用的胶片，并用一个晾衣绳来调整防水容器中的镜头。

1956年库斯托拍了一部深海题材的长纪录片《沉默的世界》，在当年的戛纳电影节上引起轰动，这是人类历史上第一次以清晰逼真的图像、绚丽夺目的色彩，向公众展示了一个人类完全陌生的海底世界。评委一致同意，首次将金棕榈奖颁给一部纪录片。

《沉默的世界》使库斯托的事业走向辉煌，片约纷至沓来。20世纪六七十年代，库斯托正当盛年，他在蓝色的海洋里辛勤耕耘，拍摄了60多部精美绝伦的电影：《沉默的世界》《通过水下18米》《活跃的大海》《没有阳光的世界》……每一部都沉淀着他多年来在潜水领域的努力。

▲ [《沉默的世界》]

海洋环保者

一个真正爱海的人，海洋便是他的生命。日趋严重的海洋污染，让库斯托感到痛心疾首。

库斯托把大海和海洋生物看作"人类的朋友"，早在1960年，他就向戴高乐总统进言，要求他下令禁止往地中海倾倒含放射性物质的工业废料。

1985年，库斯托已经75岁，他有了名气，也拥有巨额财富。然而这位不知疲倦的斗士让自己全身心投入到保卫海洋、保护人类的生存环境之中。他发动并起草了"为了后代人的宣言"，征集了500万人的签名，意图让联合国出面

> 雅克·库斯托家族是一个从事保护海洋工作的家族，雅克·伊夫·库斯托在20世纪50年代至70年代制作和主持了60多部关于海洋的纪录片，在几代人眼中，他是海洋探索者的代名词，是引领他们爱上大海的父亲一样的人物。而库斯托家的孩子们，也几乎是下意识地选择了做海洋保护工作，库斯托这个姓几乎成为海洋探险家族的代称。

> 虽然库斯托的纪录片可能没有影响到中国的观众，但他曾经来到过中国——在年轻时，他曾随军舰到上海驻扎过一年，后来也没有忘记中国，在他女儿黛安很小的时候，就让她学习中文。1996年，他的纪录片拍摄组曾来到中国，在《重新发现世界系列》中，拍摄了《沿着黄河穿越中国》。

进行保护海洋的工作。虽然结果并不尽如人意，但是他的这种对海洋环保的炽热之心，赢得了世人的尊重。

1997年6月25日，库斯托心脏病发，与世长辞。为纪念这位伟大的人物，墨西哥总统将科尔特斯海中的一座岛屿更名为"雅克·库斯托岛"。

"阿尔文"号载人深潜器发明者
哈罗德

1986年7月,"阿尔文"号12次下潜至"泰坦尼克"号沉没处进行水下机器人试验并对"泰坦尼克"号残骸进行了拍照,因此登上了美国《时代》周刊的封面。"阿尔文"号的主要设计者哈罗德才被提起。

哈罗德,1922年7月生于美国明尼苏达州最大的城市明尼阿波利斯,哈罗德从小对新鲜事物非常好奇,在离哈罗德家不远处有个圣安东尼瀑布,当地人利用瀑布的水能锯木,哈罗德总想知道,为什么水能带动大锯……由此哈罗德对机械传动产生了浓厚的兴趣,经常自己在家捣鼓各种小机械,后来因为成绩优秀考上了华盛顿大学,学习航空航天机械技术。

毕业后,哈罗德先是在明尼苏达州通用食品公司担任机械师,在20世纪50年代哈罗德进入了伍兹霍尔海洋研究所,这是他的人生转折点,哈罗德在研究所专注于航空研究,用于开发精密军事装备;同时哈罗德作为一名工程师,也一直致力于技术创新,如油导航浮标电源和医疗设备外科订书机……

使哈罗德成名的是对"阿尔文"号深海潜艇的研发设计和改进,"阿尔文"号是目前世界上最著名的深海考察工具,于1964年正式建成,至今仍在服役,被大多数人称作"历史上最成功的潜艇"。该潜艇隶属于美国伍兹霍尔海洋研究所,可以搭载3人(1位驾驶员、2位观察员),能够进入世界上98%的海底探测,最深可达6500米。

哈罗德的研究领域很广,到2007年已经拥有17项专利发明,2011年,他的名字被写入《明尼苏达发明家名人堂》。

◀ ["泰坦尼克"号载人深潜器]
1985年,"阿尔文"号找到"泰坦尼克"号沉船的残骸,如今已经进行过近5000次下潜,是当今世界下潜次数最多的载人潜水器。

图说海洋 影响历史的海洋人物

第一条大西洋海底电缆的铺设者
威廉·汤姆森

威廉·汤姆森（1824—1907年），是世界闻名的理论和实验物理学家，他不仅在电磁学和热力学方面贡献杰出，且在工程应用上同样做出了重要的贡献。他主持了历经10年、施工艰难的大西洋海底电缆工程，功勋卓著，在人类通信史上建立了一座丰碑。

威廉·汤姆森1824年6月26日出生于爱尔兰的贝尔法斯特。他从小聪慧好学，10岁时就进入格拉斯哥大学预科学习。17岁时曾立志："科学领路到哪里，就在哪里攀登不息。"

1846年汤姆森被聘为格拉斯哥大学自然哲学教授，自然哲学在当时是物理学的别名。汤姆森担任教授53年之久，直到1899年才退休。1904年他出任格拉斯哥大学校长，直到1907年逝世。

1851年第一条海底电缆成功在英、法之间的多佛尔海峡铺设，这条电缆比较短，全长30千米。因为在当时电缆太长的话，信号减弱很严重。1855年汤姆森研究电缆信号的传播情况，得出了信号传播速度减慢与电缆长度平方成正比的规律。1856年他主持铺设横跨大西洋海底的电缆，历经10年安装成功，建立了全球性的远距离通信网络。由于装设第一条大西洋海底电缆有功，英政府于1866年封他为爵士，并于1892年晋升为开尔文勋爵，开尔文这个名字就是从此开始的。

▲ [威廉·汤姆森]

威廉·汤姆森是热力学温标的发明人，被称为热力学之父。

▲ [海底电缆]

134 | 海洋科技人物

秘鲁寒流的发现者
亚历山大·冯·洪堡

亚历山大·冯·洪堡（1769—1859年），他是19世纪科学界最杰出的人物之一，常被称为气象学、地貌学、火山学和植物地理学的创始人之一，他也是世界最强大的一支寒流——秘鲁寒流的发现者。

▲ [亚历山大·冯·洪堡]
洪堡大学门口雕像：亚历山大·冯·洪堡，他的哥哥是柏林洪堡大学创立者威廉·冯·洪堡。

亚历山大·冯·洪堡1769年9月14日出生在柏林的一个贵族家庭，是家里的次子，兄弟二人从小都很有天赋和才华。哥哥威廉因为更安分一些深得家里长辈的喜欢，亚历山大则爱到处游玩，母亲认为他这是不学无术，经常逼他在家忍受寂寞的时光。10岁那年，洪堡失去了父亲。母亲操起了家里的大权，她对兄弟俩都寄予厚望。

18岁时，洪堡考入柏林的法兰克福大学学习经济，但他的兴趣实在太广泛了，期间不断地转学，在柏林大学期间他自学了希腊文并开始研究植物学；在哥廷根大学，洪堡学习了物理、语言学、考古学，拜著名动物学家、解剖学家巴赫为师，结识了远航归来的地理学家福斯特，彻底激发了他对自然科学的兴趣。洪堡最后毕业于萨克森弗莱矿业学院，他的学习经历非常复杂。毕业后，洪堡被任命为普鲁士弗朗科尼亚矿区的检查员。

1796年，这是洪堡最悲伤也最关键的一年，这一年他的母亲病逝，给他留

海洋科技人物 | 135

图说海洋 影响历史的海洋人物

> 秘鲁寒流大海洋生态系是世界上一个重要的上升流系统，全世界渔业每年捕捞量的 18%～20% 来自该生态系。由于海水上泛带来了大量的硝酸盐、磷酸盐等营养物质，促使浮游生物大量繁殖，为鱼类提供了丰富的饵料，因此秘鲁沿岸成为世界著名渔场之一——秘鲁渔场。

> 世界上以洪堡命名的事物不计其数，包括洪堡企鹅等 100 多种动物；洪堡香蕉兰等 300 多种植物；洪堡寒流；北美有 4 个洪堡郡、13 个洪堡镇；月球上有洪堡陨星坑和洪堡海，还有绕着太阳运行的第 54 号洪堡小行星。至于世界各地的山峰、河流、瀑布、冰川、海湾、洼地等以洪堡命名的就更多了。

> 洪堡对于东方的文化，尤其是中国的文化有极高的评价。他赞美中国古代天文工作者的勤劳和细心，并以古代所记的日食、流星、彗星为例。他通过比较中国和希腊、罗马关于陨石的记载，发现从公元前 7 世纪到公元 333 年在中国历史上有 16 个记载，而希腊和罗马同时期却只有 4 个。

下了一大笔遗产。次年，洪堡辞去了工作，开始周游世界，考察研究。不久后，洪堡打算前往美洲考察，但那里受西班牙的辖制，洪堡就觐见了西班牙国王，以勘探新矿源的目的获得了西班牙皇家特许护照。同年，洪堡乘"毕查罗"号前往美洲，踏上了伟大的旅程。期间他考察了奥里诺科河、亚马孙丛林、安第斯山脉，还攀登了钦博拉索山，他与邦普朗一起攀登至 5878 米，打破了人类登高纪录，这一纪录后来保持了 29 年之久。

1799 年，洪堡一行乘船北上，途中他发现了一股洋流，洪堡将它称作"秘鲁寒流"，也就是现在的"洪堡海流"，它是西风漂流在南美洲西岸转向北而形成的，沿南美洲西岸自南向北流，约在南纬 8° 附近折向西行，然后汇入南赤道暖流。

从 1808 年起，洪堡留居巴黎整理资料，先后计达 21 年。期间出版了大量著作。1817 年，他根据前人和自己所测定的世界各地温度，第一个绘制了全球等温线图，因此使同纬度各地的气候得以互相比较，大陆气候和海洋气候的差别才因此得以显示。1859 年 5 月 6 日，洪堡在柏林逝世。

现代潜艇之父
约翰·菲利普·霍兰

约翰·菲利普·霍兰（1841—1914年），他研制了世界上第一艘可以实战的潜艇。

潜艇的发展经历了一个漫长的过程。早期的潜艇只能采用人力推进，在军事上用途有限。随着工业革命的深入发展，蒸汽机被应用到了潜艇上，装上了蒸汽机的潜艇机动性大大增强。

1841年2月29日，霍兰出生在爱尔兰的利斯凯纳镇。1856年，家境贫寒的霍兰进入一所学校学英语，3年后又进入一所中等学校读书。毕业后从事教学工作。在从事教学工作过程中，霍兰对在当时尚属于新鲜事物的潜艇产生了兴趣，并开始了设计工作。1873年，霍兰辞去了教师工作，带着他设计的一些潜艇图纸到了美国，他把图纸交给了当时的美国海军，但后者很快发现不可行。

▲ [约翰·菲利普·霍兰]

失败是成功之母

霍兰没有在挫折面前退却，经过3年的研究，将他的第一艘潜艇送下了水。这艘潜艇被命名为"霍兰-1"号，但由于水下航行时汽油发动机所需空气的问题没有解决，潜艇一潜入水下，发动机就停止了工作。

1881年，霍兰的第二艘潜艇建造成功，命名为"霍兰-2"号潜艇，解决了发动机所需要空气问题和潜艇的稳定问

▲ [约翰·菲利普·霍兰——纪念邮票]
票面上是霍兰的头像，背景则是"霍兰-1"号潜艇，该邮票发行于2006年。

图说海洋 影响历史的海洋人物

▲ [约翰·菲利普·霍兰——纪念银币]
2014年潜艇发明家约翰·菲利普·霍兰逝世100周年,爱尔兰发行了该枚纪念银币,为爱尔兰法定货币,为圆形精制银币,净重28.28克,成色92.5%,直径38.61毫米,面额15欧元,限量铸造10 000枚。其正面图案为爱尔兰竖琴设计,环刊国名及发行年号2014字样;背面图案为发明家约翰·菲利普·霍兰正在绘制的即将完成的潜艇"荷兰"号图纸,环刊约翰·菲利普·霍兰英文字样,并刊面额。

▲ [1900年,即将下水的"霍兰"号潜艇]

通用动力电船公司(简称EB),现总部位于康涅狄格州格罗顿,为美国海军建造潜艇已有超过百年的历史。其最初由德裔美国著名富商、发明家伊萨克·赖斯于1899年在新泽西州伊丽莎白港附近创建,最初主要是为了将霍兰的潜艇设计实用化而建立。

题。同时,他还在这艘潜艇上安装了一门气动发射炮,使潜艇可以在水下发射一枚1.83米长的鱼雷。

这艘潜艇下潜时,不是靠增加重量,而是用下潜舵(水平舵)来保持深度;上浮时,利用少量贮备浮力上浮。这一设计在潜艇发展史上被认为是一个重要的里程碑。

开启潜艇时代

1893年,霍兰参加了在美国海军中举行的潜艇设计大赛,并一举夺魁。在1895年获得制造一艘潜艇的订货单,为此美国海军向他支付15万美元。

1897年5月17日,霍兰制造出一艘长约15米,装有33千瓦汽油发动机和蓄电池为动力的传奇式潜艇,这就是"霍兰-6"号,这也是他一生中设计建造的最后一艘潜艇,这艘潜艇取得了前所未有的成功,被公认为"现代潜艇的鼻祖"。1900年4月,美国海军购买了这艘潜艇,并将其命名为"霍兰"号(这是美国海军历史上的第一艘潜艇),并很快订购了6艘同型潜艇。

"霍兰"号的成功很快在世界范围内形成了轰动效应,英国海军很快邀请霍兰帮他们设计了"霍兰-1"号潜艇,该艇于1901年进入英国皇家海军服役,成为英国的第一艘潜艇,日本海军很快也仿制出了类似的型号。

霍兰设计的潜艇成为现代潜艇的鼻祖,开创了人类的潜艇时代。

138 | 海洋科技人物

世界上第一艘现代气垫船的制作者
科克莱尔

科克莱尔的心里一直珍藏着一个理想：制作一艘快速行驶的船。他明白，飞机的速度快，是因为飞机飞行在空气中，阻力较小；船舶行驶速度慢，是因为它行驶在水面上，阻力较大。所以他想，如果能造一艘脱离水面、腾空行驶的船，那它一定能跑得很快。

◀ [现代气垫船]

气垫船是利用高压空气在船底和水面（或地面）间形成气垫，使船体全部或部分垫升而实现高速航行的船。气垫是用大功率鼓风机将空气压入船底下，由船底周围的柔性围裙或刚性侧壁等气封装置限制其逸出而形成的。

1950年，40岁的科克莱尔爱上了造船。于是辞掉了原有工作，同妻子一起创办了一家小型造船公司。这时，科克莱尔脑海里所考虑的是怎样才能造出速度更快的船。

吹风机作动力进行实验

科克莱尔认为船速提不高的原因是船底与水面间的摩擦所产生的阻力。经过反复的研究，他发现如果用空气作为船与水之间的"气垫"就有可能减小摩擦，从而提高船航行的速度。科克莱尔把这一设想具体化，他在空的猫食罐头上装一空的咖啡罐，用吹头发的吹风机作动力进行实验。结果，靠排气而产生的升浮效果令他非常满意。接着他制造了长约0.5米的模型船，在河里进行实验，也获得了成功。它的原理与现今实用气垫船的原理是完全相同的。

获得了专利权

科克莱尔准备把自己的发明出售给企业家，但都遭到拒绝。理由非常有趣，船舶制造商认为它是飞机而不是船舶。不过，英国研究开发公司总经理哈尔斯培利却独具慧眼，他预见到了气垫船的重要性，帮助科克莱尔获得了专利权。科克莱尔加入NEDC公司，开始正式制造一艘长 9.1 米、宽 7.3 米的气垫船。这艘气垫船顺利地穿过了英吉利海峡，成为世界上第一艘实际航行的气垫船。

受到英国政府的重视

1956 年冬天，科克莱尔把这艘简陋的气垫船提供给英国政府，希望得到政府的支持。

英国政府对科克莱尔的发明十分重视。

1959 年 5 月 28 日，由科克莱尔设计制造的世界上第一艘可用于载人的气垫船"SRN-1"号在英国诞生，并于 6 月 11 日在英国政府大厦中厅的地毯上做了首次公开表演。发动机启动后气垫船缓慢地升起，并向前漂移。

之后，科克莱尔研制出第一艘时速达 40 千米的载人气垫船。他和他的同事驾驶这艘气垫船，从法国的加来港起航，只用了 2 小时零 3 分，就横跨了英吉利海峡，抵达英国的多佛尔港，一时间引起了巨大的轰动。

已成为重要的水上交通工具

气垫船刚被发明出来的时候，曾被人称为"三不像"交通工具。如今，气垫船制造技术更为先进，它已成为重要的水上交通工具。目前，世界上大型的气垫船可载客 1000 人，时速达到了 300 千米。

> 20 世纪 60 年代，英国的数家厂商生产了数种商用气垫船，用来提供横渡英伦海峡的渡轮服务。后来由于燃料价格上升，英伦海峡的气垫船慢慢被取代。

> 19 世纪 70 年代，英国工程师 John Isaac Thornycraft 爵士曾以地效的原理造过数个接近气垫的模型，并注册了一些专利，但是没有实际的应用。

▲ [俄罗斯 Zubr 级气垫登陆艇]

俄罗斯 Zubr 级气垫登陆艇由圣彼得堡"阿尔马兹（Almaz）"中央设计局造船股份公司设计建造，全长 57.4 米，艇宽 22.3 米，据称是世界上最大的气垫军舰。据北约有关报道称，从 1986 年以后俄罗斯建造了 10 艘 Zubr 级气垫登陆艇。

> 最早有记载的气垫船设计由瑞典哲学家斯咸登堡于 1716 年提出。他的设计是由人力把空气吹入气垫。当时并没有把实物造出，可能是大家都知道人力不可能产生足够的浮力。

> 芬兰工程师 DI Toivo J. Kaario 是 Valtion Lentokonetehdas（VL）飞机引擎车间的首席审查员，他在 1931 年开始设计气垫船只。他建造和测试了名为 pintaliit5aj5a 的表面滑翔机，并得到它在芬兰的专利权 18630 号和 26122 号。Kaario 虽然被认为设计和制造了第一只气垫船，但他的发明并没有得到充足的资金以便进一步的发展。

其他海洋人物

Other Marine Figures

图说海洋 影响历史的海洋人物

济民海上　护佑渔民
林默

妈祖,是人们对海上保护神的亲昵称呼。妈祖,原名林默,世人尊称为林默娘,莆田县湄洲岛人,生于宋太祖建隆元年(960年),本是我国宋代一位道德高尚、人所钦佩的杰出女性。

妈祖的大名林默,在千年的岁月变迁中,不仅没有销声匿迹,而且成为人们耳熟能详的"千秋不朽""万古流芳"、(梁启超题天后宫联句)泽被苍生的天上圣母。妈祖的出生地、身世、生平事迹,虽然在地方文献记载中有一些逐步的演变发展,但是丝毫不能影响她是莆田市在海内外最有影响的一个历史传奇性人物。

生长在大海之滨的林默娘

宋太祖建隆元年(960年)农历三月二十三日,林默诞生于福建莆田湄洲岛。她的父亲叫林惟悫(音同却),曾任都巡检,统兵驻防福建沿海地区。林姓在福建莆田地区是名门望族,据说林默是唐代望族九牧林氏的后裔。林默出生时"一声不哭"。父母见小女儿如此恬静,就给她取名为"默"。

随着年龄增长,林默更显示出不凡

▲ [妈祖雕像]
妈祖是莆田望族九牧林氏后裔。妈祖的祖父是莆田人林孚,官居福建总管。父亲是莆田人林愿(惟悫),宋初官任都巡检。

在林默出生之前,父母曾朝夕焚香祝天,就在这个孩子即将要出生前的傍晚,众人看见流星化为一道红光从西北天空射来,晶莹夺目,异彩纷呈,奇光照耀得岛屿上的岩石都透出了颜色。

142　其他海洋人物

其他海洋人物

▲ [泉州南门天后宫]

之处。她不仅通晓天文气象，而且还熟习水性。湄洲岛与大陆之间的海峡有不少礁石，在这海域里遇难的渔舟、商船，常常得到林默娘的救助，因而人们传说她能乘席渡海。她还会测吉凶，必会事前告知船户可否出航，所以又说她能"预知休咎事"，渔民们称她为"神女""龙女"。

987年，在一次海上救援中，林默不幸遇难，年仅28岁。莆田乡民悲恸不已，都不愿相信"龙女"罹难。于是，就有人说林默并非遭遇不幸，而是羽化成仙，成为海神，继续在"天上"保佑着他们平安顺利。

泉州南门天后宫，又称温陵圣庙，是莆田湄洲妈祖祖庙较早的分灵庙之一。也是我国现有建筑规格较高、规模较大、年代较早、影响也较为深远的妈祖庙。天后宫最早建于宋朝庆元二年（1196年）。根据《泉州府志》记载，这座庙最早叫作顺济宫，乾隆二年（1737年），乾隆批准了允珣请求加封妈祖为"天后"的奏折，将妈祖封为天后，这座宫庙也随之升格为天后宫了。

传说妈祖每次在海上救难后，都要给每位遇险者一碗热气腾腾、芳香扑鼻的兴化寿面，吃后不但会驱寒暖身，而且能逢凶化吉。久而久之，兴化寿面即被称为"妈祖平安面"，闻名遐迩，成为保佑平安吉祥的首选食品。每逢亲友来访、寿诞喜庆、逢年遇节、家人团聚，都要吃"妈祖平安面"，以求吉祥如意、平安幸福。

其他海洋人物 | 143

图说海洋 影响历史的海洋人物

▲ [1998年中国人民银行发行的妈祖纪念币]

清朝历史学家赵翼记下了一个很有趣的闽南、台湾的妈祖传说。若遇海难向神明呼救时，称"妈祖"，妈祖就会立刻不施脂粉来救人。若称"天妃"则妈祖就盛装打扮，雍容华贵地来救人，所以会很晚才到。故海上都称"妈祖"，不敢称"天妃"，希望妈祖立刻来救海难中的渔船。

台湾关于妈祖的传说，大概都是妈祖用裙摆挡下第二次世界大战的美军空投炸弹，也有妈祖让孩童起死回生等传说。

在台湾民间流传着这样一段传说：传说神界的单身贵族大道公（保生大帝）与妈祖曾有一段友谊史，保生大帝得道后见妈祖端庄贤淑，便展开追求攻势，共同谱下一段"友情"。一日，妈祖乍见母羊产子之苦，毅然慧剑斩情丝与保生大帝断绝往来，大帝无端被拒绝，拉不下面子，非常懊恼，乃在妈祖诞辰（农历三月二十三日）过境时施法下雨，淋洗妈祖脸上脂粉，让她也体会没面子的感受。妈祖不甘示弱，也在保生大帝诞辰（农历三月十五日）神驾出巡时作法刮风，要吹落大帝头上的帽子。因此每逢妈祖诞辰便经常下雨，而保生大帝诞辰则常会刮风，此即民间气象谚语"大道公风，妈祖婆雨"的由来。

因林默救世济人，泽被一方，被朝廷赐封，沿海人民也将她尊为海神，立庙祭祀。后因灵异非常，屡显灵于海上，渡海者皆祷之，被世人尊为天上圣母，庙宇遍布全球28个国家和地区。

妈祖由民间神提升为官方的航海保护神

妈祖信仰从产生至今，经历了1000多年，起初作为民间信仰，后来成为道教信仰，最后成为历朝历代国家祭祀的对象，它延续之久，传播之广，影响之深，都是其他民间信仰所不曾过的。历代皇帝的尊崇和褒封，使妈祖由民间神提升为官方的航海保护神，而且神格越来越高，传播的面越来越广。由莆邑一带走向五湖四海，达到无人不知、无神能替代的程度。

妈祖文化体现了汉族海洋文化的一种特质。历史上宋代出使高丽、元代海运漕运、明代郑和下西洋、清代复台定台，这一切都体现海洋文化的特征。汉族民间在海上航行要先在船舶起航前祭妈祖，祈求保佑顺风和安全，在船舶上立妈祖神位供奉。这就是"有海水处有华人，华人到处有妈祖"的真实写照。而影响所及，妈祖由航海关系而演变为"海神""护航女神"等，因此形成了海洋文化史中最重要的汉族民间信仰崇拜神之一。

有学者研究指出，妈祖是从中国闽

越地区的巫觋信仰演化而来，在自身发展过程中吸收了其他民间信仰，进行糅合，并随着影响力的扩大，又纳入儒家、佛教和道教的因素，最后逐渐从诸多海神中脱颖而出，成为闽台海洋文化及东亚海洋文化的重要元素。

妈祖自北宋开始神格化，并受人建庙膜拜，复经宋高宗封为灵惠夫人，成为朝廷承认的神祇。妈祖信仰自福建传播到浙江、广东、我国台湾，以及琉球、日本、东南亚（如泰国、马来西亚、新加坡、越南）等地，天津、上海、南京以及山东、辽宁沿海均有天后宫或妈祖庙分布。2009年10月，妈祖信仰入选联合国教科文组织人类非物质文化遗产代表作名录。

妈祖生平有许多传说

在历史的长河中，妈祖对中华民族做出了巨大的贡献，比如：宋代护国庇民，元代漕运保泰，明代使洋护航，清代协助定台，现代成为海峡和平女神。妈祖为国为民的功绩在楹联中也多有反映。如莆田平海天后宫楹联："一勺泉甘，实济云屯万旅；半袍浪湿，克清日孽全台。"

妈祖羽化成仙后，依旧造福一方百姓，在渔民、海商、游客有难时，向天空呼喊妈祖，妈祖会第一时间显灵，并会为海上遇难的百姓解难，为渔民护航，福泽天佑，因此有众多关于妈祖显灵的

▲ [妈祖金像]

在民间有众多关于妈祖生平的传说，比如：菜屿长青、祷雨济民、挂席泛槎、化草救商、降伏二神、解除水患、救父寻兄、恳请治病、收伏二怪、窥井得符、妈祖诞降、湄屿飞升、驱除怪风、收伏晏公、收高里鬼、铁马渡江。

还有众多关于妈祖显灵的传说。比如：甘泉济师、佑助收艇、澎湖助战、托梦建庙、圣泉救疫、神女搭救、神女救船、保护使节、天妃神助、庇佑漕运、官员脱险、庇佑致胜、使节脱险、旱情解难、神助修堤、神助擒寇、神助宋师、护助剿寇。

农历三月二十三日是妈姐诞辰。不知怎么回事，每到那一天，必然下起雨来，所以俗称"妈祖雨"。

传说神话。

《天后志》中记载的有十五则，《天妃显圣录》中记载的有十六则。

图说海洋 影响历史的海洋人物

西班牙称霸海洋的起点
伊莎贝拉一世

伊莎贝拉一世（1474—1504年在位），她利用与阿拉贡王国继承人斐迪南的婚姻促成了两国共主联邦，促进了西班牙的统一。同时她资助了哥伦布远航，凭借美洲殖民地源源不断的黄金供应，使西班牙成为以后百余年间的世界霸主。

伊莎贝拉出生于1451年，她的父亲是卡斯蒂利亚国王胡安二世，母亲是一名精神病患者。在她3岁那年，父亲过世，皇位由她的哥哥恩里克四世继承，她被迫和母亲、弟弟阿方索一起，被迁往阿雷瓦洛的一个城堡里居住。由于恩里克四世的暴政，贵族们抬出了伊莎贝拉与之对抗。最后双方达成和议，停止内战，全体贵族都必须宣誓效忠恩里克四世，伊莎贝拉则成为王位继承人，但规定她的婚事必须得到王兄的批准。

十分有心计的伊莎贝拉找到了阿拉贡的王子斐迪南，并与他私订终身。然而她的皇帝哥哥却要她嫁给葡萄牙的国王阿丰索五世。最终伊莎贝拉通过阿拉贡国的军事影响，迫使她的哥哥不得不同意了她的婚事。

那时候还没有西班牙王国，整个西班牙的版图主要分为几个王国：卡斯蒂利亚、亚拉冈、莱昂、格拉那达、那瓦尔、阿拉贡等。而伊莎贝拉和丈夫斐迪南结婚后，统治着卡斯蒂利亚和阿拉贡的大片江山。在他俩共同统治的25年间，东征西讨，征服了许多小国，1492年2月，

▲ [伊莎贝拉一世]
生活中的伊莎贝拉一世，高贵而素雅，总是穿一身白色的衣服，以"白衣女王"之名闻名于世。

斐迪南和伊莎贝拉取得了彻底胜利，建立了统一的西班牙王国。

资助哥伦布

被葡萄牙驱逐的航海家哥伦布找到了伊莎贝拉女王，希望她资助自己出海远航。当时西班牙国内资金短缺，伊莎贝拉拿出自己的私房钱给予其资助，并

▲ [格拉纳达向斐迪南和伊莎贝拉一世献城池]

1492年1月2日，格拉纳达的摩尔人献出城池。欧洲所有天主教教堂钟声长鸣。这一天，被视为天主教徒的历史性胜利，标志着阿拉伯人被驱逐出欧洲。这一事件被认为是整个基督教世界的胜利，伊莎贝拉和斐迪南因此被教皇加上了"天主教国王"的桂冠。

册封哥伦布为将发现土地的总督。

1492年，哥伦布发现新大陆，给西班牙带来了广阔的未来空间。此后一个世纪，西班牙依靠广阔的海外领地和源源不断的黄金输入，确立了世界霸权。

建立强悍的海军舰队

源源不断的资金支持，使伊莎贝拉有了建立强大海军的支柱，而且因为远征探险需要大量船只，所以西班牙的造船工业迅速发展起来，西班牙也建立了世界一流的船队。

在她之后，西班牙依靠强大的海军称霸海上。

1571年西班牙舰队在勒班陀海战中大败奥斯曼帝国舰队，赢得"无敌舰队"的称号。

1581年西班牙吞并葡萄牙，实力更加强大，成了名副其实的海上霸主。

而这一切都源于伊莎贝拉英明的决策，她的统治对日后的西班牙影响巨大，被认为是世界上最伟大的帝王之一。

▲ [伊莎贝拉一世与哥伦布——纪念邮票]

其他海洋人物

图说海洋 影响历史的海洋人物

开创大航海时代的始作俑者
英国女王伊丽莎白一世

伊丽莎白一世（1533—1603年），名叫伊丽莎白·都铎，是都铎王朝最后一位君主，经过近半个世纪的统治后，使英格兰成为欧洲最强大的国家之一。

伊丽莎白于1533年9月7日出生在伦敦的普莱斯提亚宫，她是英王亨利八世和他的第二个王后安妮·博林唯一幸存的孩子，在她出生时就被指定为王位继承人，她同父异母的姐姐玛丽（后来的玛丽一世）成为她的服侍者。但后来的发展并未能让她顺利继承王位。

1536年5月19日，伊丽莎白3岁时，她的母亲安妮·博林被判叛逆罪处死。伊丽莎白被宣布为私生女，从"伊丽莎白公主"变成了"伊丽莎白·都铎小姐"。

1537年，亨利八世和他的第三个王后简·西摩生了一个男孩：爱德华（后来的爱德华六世）。

伊丽莎白和姐姐玛丽一起沦为了爱德华六世的侍女。1547年，爱德华六世继位，由于他年纪尚幼，政权落在以新教徒为主的摄政议会中。这个时期，伊丽莎白的继承人地位比较稳定，但在爱德华六世末期，他任命表亲简·格雷为继承人，将伊丽莎白和玛丽都排除在外。1553年7月，玛丽在爱德华六世死后，废黜了简·格雷成为英格兰女王。玛丽是一个虔诚的天主教徒，她逼迫作为新教徒的伊丽莎白改信，1553年末，托马

> 伊丽莎白一世是英国历史上最杰出的君主之一。

▲ [伊丽莎白一世]

伊丽莎白一世自己说：如果她选择了外国王子，他会让英国无法保持中立的外交政策（如姐姐玛丽一世和西班牙国王腓力二世的婚姻）；嫁给一个英国人会加剧宫廷内的宗派斗争。可见这是一个为了大英帝国贡献一生的女人。

斯·怀逸以拥立伊丽莎白之名叛乱，伊丽莎白遭到牵连，被投入伦敦塔2个月，后来被释放，但被软禁在一处庄园中。由于玛丽一世婚后长期无子，不得不接受伊丽莎白为自己的合法继承人。1558年11月17日，玛丽一世逝世，伊丽莎白终于登上王位。

周旋婚姻与政治间

伊丽莎白一世终身未婚，因此也获得了"童贞女王"的美名。

自古皇室的婚姻，一般都与政治势力有关，而伊丽莎白一世也是如此。当时欧洲最强大的国家是法国和西班牙。而两国的君主都知道作为英国女王的伊丽莎白一世的价值。最先展开行动的是

▲ [玛丽一世]
玛丽一世（1516—1558年），英格兰和爱尔兰女王，她是都铎王朝的第四任君主，丈夫是西班牙国王腓力二世。即位后在英格兰复辟罗马天主教，下令烧死了300名反对人士，被称为"血腥玛丽"（Bloody Marry），Bloody Marry 在英语中后来成为女巫的同义词。

▼ [德雷克受封]
伊丽莎白一世册封德雷克为骑士。

其他海洋人物

她的姐夫西班牙国王腓力二世，他不仅想娶女王为妻，还想让女王改变自己的宗教信仰。因当时的西班牙的实力强大，她只能小心斡旋，礼貌地拒绝了腓力二世的求婚。法国也不甘示弱，得知女王婉拒了西班牙国王的求婚后，上到国王下到大公纷纷都向女王求婚。她没有直接拒绝法国，让世人以为她只是还没做出决定。

为了让英国有时间发展壮大，她一直用暧昧的态度应付这些婚约请求，除去政治因素，她未婚还有情感原因，她当时倾心于一位叫莱斯特的伯爵。当莱斯特伯爵生病时，她甚至亲自去服侍他。即便如此，她仍没有同莱斯特伯爵步入婚姻的殿堂。

对于伊丽莎白一世来说，或许保持独身是一种称心如意的生活方式。假如她结婚的话，她就得和丈夫分享统治权，但是她对于"英格兰女王"这个称号的热爱使她舍不得让别人分一杯羹。与平凡的家庭生活相比，她更喜欢独掌大权，并最终跻身于英国历史上最杰出的君主之列。她热衷于向世人宣布："我嫁给了英格兰。"

起用海盗发展海上势力

伊丽莎白一世时期，英格兰在政治上由君主专政向议会制转化，封建经济形态中萌发了资本主义，并开始向国外扩张，海上霸权开始建立，在南方与北非、西非国家发展商业往来，在东方恢复了

▲ [都铎家族族徽]

▲ [斯图亚特家族族徽]

英国都铎王朝（1485—1603年），是在亨利七世1485年入主英格兰、威尔士和爱尔兰后，所开创的一个王朝，统治英格兰王国及其属土周围地区。

都铎王朝处于英国从封建主义向资本主义过渡时期，被认为是英国君主专制历史上的黄金时期。

斯图亚特王朝初名为斯迪瓦特王朝，是1371—1714年间统治苏格兰和1603—1714年间统治英格兰和爱尔兰的王朝。

与地中海地区的贸易往来，同印度等建立了贸易关系。

1600年，伦敦商人在女王的支持下成立了"东印度公司"。该公司享有对好望角以东的国家特别是印度进行贸易的垄断权。

文化上实行开明宽容的政策，鼓励文学发展，涌现了一批如莎士比亚、弗朗西斯·培根为代表的著名人物。

军事上，随着西班牙日益成为英国海外扩张的主要敌人，伊丽莎白一世纵容弗朗西斯·德雷克、沃尔特·雷利和汉弗莱·吉尔伯特等海盗，并授予他们私掠证（实际上就是被允许的海盗行为），这也促进了英国航海业的发展。同时这些私掠活动给英国带来了巨大的财富，使英国国力日渐强盛，并在北美洲建立了殖民地，1588年，英国皇家海军在英吉利海峡击败了西班牙无敌舰队，开始跨入海上强国的行列。

甄选继承人

由于伊丽莎白一世终身未婚，没有子嗣，有王位继承权的是她的表侄女即苏格兰女王玛丽一世与她的表外甥女凯瑟琳·格雷夫人。

对此犹豫不决的伊丽莎白一世逐渐老去，晚年时所剩的继承人已不多，她逐渐倾向于她的侄孙——苏格兰女王玛丽一世的儿子苏格兰王詹姆士。

在还没来得及宣布继承人时，1603年伊丽莎白一世死于伦敦的里士满王宫。

伊丽莎白一世的死结束了都铎王朝的统治，她的继承人是詹姆士一世，至此都铎王朝被斯图亚特王朝取代。

伊丽莎白一世被认为是英国历史上最杰出的君主之一。在她当政期间，经济上繁荣昌盛，文学上璀璨辉煌，军事上一跃成为世界首屈一指的海上强国。在她生活的时代英国国王不是名义上的角色，英国黄金时代所取得的成就中很重要的一部分应归功于她。

▲ [汉弗莱·吉尔伯特]
汉弗莱·吉尔伯特爵士，英国军人、航海家、探险家和海盗、纽芬兰的征服者，英国国会议员。

玛丽·斯图亚特即苏格兰女王玛丽一世，是苏格兰的统治者和法国王后，最知名的苏格兰君主之一，和英格兰女王玛丽一世是表姑侄女关系。1568年因国内叛乱逃亡英格兰，伊丽莎白一世认为玛丽图谋染指英格兰王位并对她造成了威胁，因此囚禁了她18年之久。

其他海洋人物

《海权论》
阿尔弗雷德·马汉

鉴于马汉对美国海军战略的重要影响，富兰克林·罗斯福总统曾说：马汉是"美国生活中最伟大、最有影响的人物之一"。

阿尔弗雷德·马汉是美国历史学家、海军军官。他发现人类在海上的机动性超过了陆地。他在研究了英帝国长期称霸世界的历史后，于1890年出版了《海权对历史的影响》一书，提出了"海洋中心"说。

马汉认为，商船队是海上军事力量的基础；海上力量决定国家力量，谁能有效控制海洋，谁就能成为世界强国；要控制海洋，就要有强大的海军和足够的海军基地，以确保对世界重要战略海道的控制。马汉的《海权对历史的影响》一书在美国再版了30多次，并在全世界广泛流传。马汉也被后人公认为是海权论的鼻祖。他的突出贡献在于对海权这一概念的创建和廓清，经受了时间的考验，体现了巨大的理论价值，对当时的世界和后世历史均发挥了重要的作用。可以说，马汉是一个顺应时代而起又推动了时代发展的伟人。

马汉也强调海洋军事安全的价值，认为海洋可保护国家免于在本土交战，而制海权对战争的影响比陆军更大。马汉的海权论对日后各国政府的政策影响甚大。美国总统西奥多·罗斯福控制中美洲的"巨棒政策"就是以马汉理论为基础的。直到

▲ [阿尔弗雷德·马汉]

阿尔弗雷德·马汉（1840—1914年）。马汉的思想深受古希腊雅典海军统帅地米斯托克利及政治家伯里克利的影响，主要著述有《海权对历史的影响》《海权对法国革命及帝国的影响，1793—1812》《海权的影响与1812年战争的关系》《海军战略》等。1914年12月1日因心脏病发作，逝世于华盛顿海军医院，享年74岁。

冷战结束后美国在亚太地区的部署都以马汉理论为原型。

马汉有关海权的理论著作有20多部。马汉明确表示，他的海权论是要为美国的外交和军事战略提供理论基础，并公开称"强权即公理"。马汉曾任美国总统西奥多·罗斯福的海军顾问，他的理论成了美国海军发展和海上扩张的理论根据。第一次世界大战后，美国成为世界上最强的海权国家。第二次世界大战结束时，美国完全控制了太平洋，把太平洋当作自己的"内湖"。冷战结束后，美国在海外仍有700多个军事基地，4个作战舰队，13个航空母舰战斗群，各型舰艇468艘。

直至今天，强大的海权仍是美国全球战略的基础，马汉的海权思想仍深深影响着美国和世界上许多政治家和军事家。